大 旗 出 版
BANNER PUBLISHING

大旗出版
BANNER PUBLISHING

中華歷代

戰神

趙學儒◎著

精神長城，威震匈奴千里
中華第一勇士蒙恬

　　司馬遷在《史記》中嘆道：「蒙氏秦將，內史忠賢。長城首築，萬里安邊。」又說：「夫秦之初滅諸侯，天下之心未定，痍傷者未瘳，而恬為名將，不以此時強諫，振百姓之急，養老存孤，務修眾庶之和，而阿意興功。」蒙恬之於秦朝的赫赫戰功，之於長城的豐功偉績，讓人感嘆萬千。

威武蓋天地，名飛青雲上
飛將軍李廣

　　漢文帝曾評價李廣說：「惜乎！子不遇時，如令子當高帝時，萬戶侯豈足道哉！」唐代詩人王昌齡則作詩歌詠李廣：「秦時明月漢時關，萬里長征人未還，但使龍城飛將在，不教胡馬度陰山。」

七戰七勝，居功不自傲
楷模將帥衛青

　　曾是大漢帝國的棟樑，死後雄風猶存，守護著漢王朝的百年基業……王侯將相，歸於塵土，掩蓋不了漢朝大漠第一將衛青的千秋功業、千秋聲名。

橫空出世，猛虎出柙
驃騎大將軍霍去病

　　唐代詩人李白在〈胡無人〉一詩中歌詠霍去病的功績：「嚴風吹霜海草凋，筋幹精堅胡馬驕。漢家戰士三十萬，將軍兼領霍驃姚。流星白羽腰間插，劍花秋蓮光出匣。天兵照雪下玉關，虜箭如沙射金甲。雲龍風虎盡交迴，太白入月敵可摧。敵可摧，旄頭滅，履胡之腸涉胡血。懸胡青天上，埋胡紫塞傍。胡無人，漢道昌。」

盡忠報國，碧血丹心
常勝將軍岳飛

　　岳飛〈滿江紅〉：「怒髮衝冠，憑欄處，瀟瀟雨歇。抬望眼，仰天長嘯，壯懷激烈。三十功名塵與土，八千里路雲和月。莫等閒、白了少年頭，空悲切。靖康恥，猶未雪；臣子恨，何時滅？駕長車，踏破賀蘭山缺。壯志饑餐胡虜肉，笑談渴飲匈奴血。待從頭、收拾舊山河，朝天闕。」

威服四方，方顯英雄本色
馬背天驕成吉思汗

一位著名蒙元史專家闡述成吉思汗帶給人類的影響：「偉大的歷史人物不能被整齊的捲塞在書皮之間，也不能像受壓的植物標本被熨平。……當事件本身從人們的視野中淡去後，它們的影響還將長期存在。就像一口鐘的振盪聲一樣，在停止敲擊之後，我們仍可以感覺到它。成吉思汗離開歷史舞台已經很長時間了，但他的影響將持續地縈繞在我們這個時代。」

智慧無雙，抗倭鬥士
「將儒」將軍戚繼光

戚繼光握著手中的寶刀，刀柄上「河山」二字般紅如血，突然間他心中滿是奔騰不息的大河、巍峨雄壯的名山，全身氣勢充盈到了極點。他長嘯一聲好似龍吟，紅色軍刀放射著萬道光華劈了出去，無盡的刀意在戰場上瀰漫開來，這氣吞千軍的一刀無人可以接下來，華夏山河盡在這一刀之中。

驅逐荷軍，勇往直前
史詩英雄鄭成功

歷史應該記住這一天：西元1662年2月9日，在台江邊的沙灘上，戰旗飄揚，鼓聲陣陣，受降儀式正式舉行。熱蘭遮城鐵門打開，揆一帶領荷蘭官員走出來。揆一向鄭成功交出了城堡的鑰匙，並獻上一把象徵權力的西洋寶劍。當天正午，隨著陽光下旗杆影子的消失，熱蘭遮城內降下了已經飄揚了三十八年的荷蘭國旗。

抬棺西征，收復新疆
大義悍將左宗棠

晚清詩人楊昌濬歌詠左宗棠：「大將籌邊尚未還，湖湘子弟滿天山。新栽楊柳三千里，引得春風度玉關。」美國前副總統華萊士則說：「左宗棠是近百年史上世界偉大人物之一，他將中華民族的勇武精神展現給俄羅斯，給整個世界。」

熱血忠魂，氣壯中華山河
錚錚鐵骨張自忠

于右任稱讚張自忠：「其立志也堅，其制行也烈，初嚙齒於危疆，終受命於前敵，身死功成，永為民族之光榮，是軍人之圭臬。」

黃埔之英，民族之雄
域外死忠第一人戴安瀾

中印緬戰區美軍總司令史迪威說：「近代立功異域，揚大漢之聲威者，殆以戴安瀾將軍為第一人。」美國官方也給予戴安瀾極高的肯定，讚譽他是「有才能，有魄力，並有相當大膽量」的高級指揮官，而為表彰他在第二次世界大戰中做出的巨大貢獻，羅斯福總統特頒予懋績勳章一座。

精神長城，威震匈奴千里

中華第一勇士蒙恬

「蒙恬將軍在很多方面都遠遠超過我。」

秦國丞相李斯

「蒙氏秦將，內史忠賢。長城首築，萬里安邊。」

漢代史家司馬遷

戰神檔案

姓名	蒙恬	又字	不詳
年代	秦朝	民族	漢族
出生	不詳	卒年	西元前210年
特點	俠肝義膽　胸襟坦蕩		
相關人物	秦始皇　趙高　扶蘇		
戰神身世	三代將門，祖父蒙驁、父親蒙武均爲秦國戰將，從小受忠君愛國的正統教育。		
主要事件	◆秦始皇二十六年（前221），蒙恬率軍攻打齊國，大敗齊軍，因而受封內史一職。 ◆蒙恬根據「用險制塞」的戰術，把戰國時秦、趙、燕三國北邊的防護城牆連接起來，形成了舉世聞名的長城，給後人留下了巨大的文化瑰寶。 ◆蒙恬從秦國都城咸陽到九原，修築了寬闊的直道，形成了著名的秦道。不但加強了北方各族經濟、文化的交流和融合，對於調動軍隊，運送糧草器械物資等也具有重要戰略意義。		
傳世名言	自我先人直到子孫，爲秦國出生入死已有三代。我統領著三十萬大軍，雖然身遭囚禁，可我的勢力足以背叛。但我知道，我應守義而死。我之所以這樣做是不敢辱沒先人的教誨，不敢忘記先主的恩情。		

世代將門　威震中原

秦朝戰將如雲，蒙恬則是其中閃亮的將星。其實，二千多年以前的蒙恬距離現今實在太過遙遠，我們非但不可能有這位大將的真實照片，甚至也得不到一幅他的肖像畫，即使在史書之中，也沒有太多關於他的具體描述。但將軍的豐功偉績和忠肝義膽卻被人們深深記在了心裡，不僅成為世代名將效仿的楷模，更是千古愛國志士永遠的豐碑。

▲秦朝武士

精神長城，威震匈奴千里——中華第一勇士蒙恬

輝煌戰史，名門之後

蒙恬的祖先是齊國人。他的祖父蒙驁從齊國來到秦國侍奉秦昭王，官至上卿（高級執政官）。秦莊襄王元年（前249），蒙驁作為秦國將領，伐韓，取成皋、滎陽，建立三川郡（治所在今河南洛陽）。二年，蒙驁又一氣攻取了三十七座城池。秦始皇三年（前244）蒙驁攻韓，奪取了十三城。秦始皇五年，他又率軍攻打魏，取得了二十城，建立東郡。秦始皇七年（前240），蒙驁去世。

蒙驁的兒子叫蒙武，他也就是蒙恬的父親。蒙恬曾學獄法為獄官，並負責掌管有關文件和獄訟檔案。蒙恬還有一個弟弟叫蒙毅，後來官至上卿，是秦始皇的得力助手，成為了秦朝的重臣。兄弟二人一武一文，十分了得！

秦始皇二十二年（前225），秦王派將軍李信率兵二十萬攻打楚國，以蒙武為副將。李信攻平輿（今河南平輿縣北），蒙武攻寢丘（今安徽臨泉縣），大敗楚軍。李信在攻破鄢（今河南鄢陵縣）後，引兵向西與蒙武會師於城父邑（今河南寶豐縣東），被楚軍打敗。

秦始皇二十三年（前224），蒙武擔任副將隨王翦領兵攻楚國，大敗楚

軍，追至蘄南（今湖北蘄春西北），殺楚將項燕，得勝而歸。秦始皇二十四年（前223），蒙武復出率兵攻打楚國，俘楚王負芻，平定楚地。二十五年（前222），蒙武率兵南征百越（今浙、閩、粵一帶），越君投降，秦遂在此置會稽郡（治吳縣，今江蘇蘇州市）。

在秦始皇的統一大業中，蒙恬的祖父蒙驁、父親蒙武，都是秦國著名的將領。他們為秦國攻城掠地，出生入死；為秦國疆土的開拓，立下了汗馬功勞。因此，秦始皇對蒙氏家族非常信任器重。

大敗齊軍，虎視匈奴

到了蒙恬這一代，更是青出於藍而勝於藍。秦始皇外出時，蒙恬的弟弟蒙毅陪同與始皇共乘一車，在朝時又侍從於始皇的左右。蒙恬兄弟二人，一個負責對外軍事，一個謀劃國內政事，有忠信為國的美名。秦國的其他將相都不能與他兄弟二人爭寵。

由此可見，蒙氏家族世代為將，戰功顯赫，到了蒙恬這一代更達到了事業的頂峰。西元前221年，蒙恬由於出身將門做了秦國的將軍，於是率大軍攻破齊都，實現了秦始皇夢寐以求的全國統一，秦始皇授給他內史的官職。其實，蒙恬在統一六國的戰鬥中雖然並沒有立下赫赫戰功，但卻積累了足夠的戰爭經驗，他的才華也得到了秦始皇的認可。

說到蒙恬和匈奴的關係，好像就是上天註定的勢不兩立。蒙恬生活的年代，邊境經常受到逐漸強大起來的匈奴的掠奪，秦政權受到威脅。而且，在秦尚未統一六國前，匈奴就常掠奪內地人民的牲畜、財產，與其相鄰的燕、趙、秦等國更是深受其害。尤為嚴重的是，在秦征伐六國的最後階段，匈奴乘機佔領了河套地區，即所謂的「河南地」。

這給心懷忠君愛國抱負的蒙恬很大的施展空間。在隨後的河套戰場上，這位中華第一勇士讓匈奴嘗盡屢戰屢敗的滋味。

降兵河套　痛宰大漠群狼

　　戰國末年，烽煙四起，秦國以一國之力，橫掃中原六國，建成了歷史上第一個封建帝國。在中原混戰的同時，北方一直活躍著一個善於騎射、兇悍無比的民族——匈奴，他們利用中原戰亂之機，不斷騷擾北方各國。在秦統一中原的同時，他們乘機跨過黃河，佔領了河套以南的大片土地，直接威脅著秦都咸陽的安全，成為整個帝國最後的心腹之患。就在此時，秦始皇派出一名大將北擊匈奴，這就是名將蒙恬。

　　西元前215年，秦始皇以蒙恬為帥，統領三十萬秦軍北擊匈奴。在黃河之濱，以步兵為主的秦軍與匈奴騎兵展開了一場生死之戰。蒙恬以銳不可當的破竹之勢，一舉收復河套、陽山、北假等（今內蒙古）地區。使匈奴望風而逃，遠遁大漠。漢代賈誼曾指出當時匈奴的狀態是「不敢南下而牧馬」。蒙恬僅一戰就將彪悍勇猛的匈奴重創，使其潰不成軍，四處狼奔。匈奴幾十年不敢進漢地，蒙恬功至高也。

▲秦弩方陣

獨步沙場，破不敗神話

　　大一統的國家剛剛建立的時候，蒙恬沒有機會去享受一個開國功臣應得的榮華，而是肩負著更艱巨的使命——北定匈奴。西元前221年，蒙恬率大軍攻破齊都，實現了秦始皇夢寐以求的全國統一。正當咸陽城裡歡慶勝利的時候，秦國北部邊境傳來匈奴頻繁騷擾並大舉南侵的消息。匈奴軍隊殺人放火，搶劫牲

畜財物，邊疆人民苦不堪言。這時，秦國剛剛統一，人心思定，軍民厭戰。蒙恬不顧連年征戰的辛勞，接受命令「北逐戎狄」，收復河套一帶。

面對匈奴的挑釁，秦始皇選擇了蒙恬領兵出征。這裡的原因大概有二：其一，青年時代的蒙恬長年在北方邊境守衛，對匈奴的戰法極其熟悉，這是那些長年征戰中原的老將們所不能比的。其二，蒙恬是秦軍裡最富有進攻精神和野戰能力的將領，秦朝其他將領打的多是中原地區的攻堅戰，對於塞北草原上與匈奴的野戰並無多少經驗。

西元前215年，蒙恬率領三十萬能征善戰的大軍，日夜兼程趕赴邊關。紮下大營後，他一邊派人偵察敵情，一邊親自翻山越嶺察看地形。第一次交戰，就殺得匈奴人仰馬翻，潰散草原。西元前214年的春天，又爆發了最具決定性的戰爭。蒙恬跟匈奴人在黃河以北，進行了幾場戰爭，匈奴主力受重創。最後匈奴人被徹底打敗，向北邊逃竄。史書上記載：匈奴人向北（逃竄）七百餘里。

蒙恬並沒有辜負眾望，一戰定河套，打得匈奴魂飛魄散。賈誼也曾形容說「胡人不敢南下而牧馬」，這正是對河套戰役功業的稱讚。後來中原再次大亂時，匈奴卻不敢深入漢境，這不能不說與此戰有很大關係。

人箭合一，一戰定乾坤

經此一役後，當時的秦軍再無敵手，蒙恬也一躍而成秦帝國最為出色的將領。但是蒙恬見載於史冊的並不僅僅是一個將帥之才，他的許多才能都是當時其他的將領所難以比擬的，幾乎沒有人能趕得上他，甚至秦國的丞相李斯也自嘆：「蒙恬將軍在很多方面都遠遠超過我。」

從純軍事的角度來分析這場戰役，可推定其戰法一定不同於漢朝用來反擊匈奴的戰法。因為秦朝並沒有漢朝那樣多的戰馬，騎兵的數量遠遠少於漢朝。這就註定了秦國的攻擊還是以步騎和戰車相結合的戰法為主的。《史記》中曾記載：秦以戰車開路，箭矢如蝗，步騎大軍隨後掩殺，匈奴大潰。可見這是一種以重裝戰車為主的戰法。

秦在戰役中有一個最核心的武器，就是弩。弩當時是中原人所特有的武器，匈奴人是沒有弩的。因為弩事實上是代表著當時軍事氣數的高峰，秦的重裝戰車體型高大，上載各式弩箭，發射起來密集如雨，電影《英雄》已清楚的再現了這一過程。其效果就如今天的坦克，單一兵種的匈奴又怎能不大潰。

漢朝反擊匈奴打了二十年，通過傾國之力的漠北會戰才解除了匈奴的威脅。而秦國只經此一戰，就將匈奴重創。當然兩者也不可同等而論，秦時的匈奴控制區域只有漢朝時三分之一大，實力也比伊稚斜時代弱小得多。

另一個取勝匈奴的重要原因就是蒙恬個人的軍事指揮才能。從蒙恬個人角度來說，他出生在將門，從小就受到了忠君愛國思想的濃厚薰陶。再加上他祖父、父親都是秦國將軍，為國效忠和帶兵打仗是家常便飯。因此，他在思想上就把個人命運與國家安危緊緊的綁在一起了，為自己的人生目標而戰，這樣的精神和力量是可想而知的。

此外，他在駐守邊防的時候對匈奴的戰法極其熟悉，並專門針對匈奴研究出了對付他們的戰術方法。這些都為他一戰定乾坤，使「胡人不敢南下而牧馬，士不敢彎弓而抱怨」奠定了很好的基礎。

這裡還要提到這期間發生的一段插曲，正是這段插曲使趙高集團更堅定了要謀害蒙恬將軍的決心。秦始皇統一全國後，為了鞏固其政治統治，施行嚴酷的暴政。一場天下讀書人的災難席捲中華大地。秦始皇大舉焚書坑儒，他的長子扶蘇竭力阻止，秦始皇非但不聽，反而把他貶到邊關，讓他監督蒙恬守衛邊疆。

從此，扶蘇和蒙恬就結下了不解之緣。扶蘇初到邊關，甚為苦悶，蒙恬勸告他說，既來之則安之，守邊也很重要。扶蘇感受到蒙恬待他誠懇熱心，便安下心來協助蒙恬訓練軍隊。兩人甚是投機，便成了無話不說的朋友，這為蒙恬的含冤而死埋下了伏筆。

勇士壯哉　感天動地

有人說一個歷史的瞬間，也許就能改變整個歷史發展的軌跡。那麼一個古代名將的死會改變什麼呢？蒙恬作為秦帝國著名的戰將，在他的有生之年，不僅在戰場上幫助帝國完成了統一大業，徹底打敗了不斷騷擾中原的匈奴，而且在他的主持下，修建了萬里長城，開闢了當時規模空前的秦直道。

▲秦兵士復原圖

這樣一個功勳卓越、才華出眾的戰將，卻沒有想到，在他的背後一直隱藏著一個與他對立的集團，在秦始皇病死後，蒙恬在他們的陰謀策劃下無辜慘死。這個集團篡奪了秦帝國的政權，也改寫了整個中華民族的歷史。

唐朝皇帝唐太宗，於貞觀某日對臣僚說：「朕欲上比堯舜，不使冤案現於本朝。各位不妨說說，古代哪一將相死得最冤？」當時在場的有丞相房玄齡、諫議大夫魏徵等人，或答「白起」（戰國時秦將）；或說「伍子胥」（春秋時吳將）。聽罷臣僚們的議論，太宗搖搖頭說：「朕觀最冤的是蒙恬。」

以險制塞，精修秦道

在蒙恬打敗匈奴，拒敵千里之後，他帶兵繼續堅守邊陲。蒙恬又根據「用險制塞」以城牆來制騎兵的戰術，調動幾十萬軍隊和百姓築長城，把戰國時秦、趙、燕三國北邊的防護城牆連接起來，並重新加以整修和加固。

建起了西起臨洮，東到遼東的長達五千多公里的萬里長城，用來保衛北方

農業區域，免遭遊牧匈奴騎兵的侵襲。蒙恬在修築萬里長城的壯舉中，起了主要的作用，而這延綿萬餘里的長城，成了後世珍貴的文化瑰寶。

同時，蒙恬沿黃河河套一帶設置了四十四個縣，統屬九原郡。還建立了一套治理邊防的行政機構。又於西元前211年，發遣三萬多名罪犯到兆河、榆中一帶墾殖，發展經濟，加強軍事後備力量。這些措施對於邊防的加強，起了積極的作用。

另外，蒙恬又派人馬，從秦國都城咸陽到九原，修築了寬闊的直道，克服了九原交通閉塞的困境。這不但加強了北方各族人民經濟、文化的交流和融合，更重要的是對於調動軍隊，運送糧草器械物資等具有重要戰略意義。風風雨雨、烈日寒霜，蒙恬將軍駐守九原郡十餘年，威震匈奴，受到秦始皇的推崇和信任。

小人篡權，千古嘆惋

蒙恬不僅打仗能夠顯示出他英勇威武的大將氣概和不一般的戰略、戰術指揮才能，而且在治理邊塞和鞏固國防等方面也是箇中翹楚。可是英雄背後往往都隱藏著各色的小人，致使很多英雄經常不是戰死在沙場，而是飲恨不能善終。蒙恬的死可以說是帶著悲壯、無奈與嘆惋。

蒙恬的弟弟，也就是前面曾提及的蒙毅，他深受秦始皇寵信，位至上卿。蒙毅法治嚴明，從不偏護權貴，滿朝文武，無人敢與爭鋒。某日，內侍趙高犯有大罪，蒙毅依法判其死罪，卻被秦始皇給赦免了。從此時起，蒙氏兄弟便成了趙高的心病。

西元前210年冬，秦始皇嬴政遊會稽途中患病，派身邊的蒙毅去祭祀山川祈福，不久秦始皇在沙丘病死，死訊被封鎖。中車府令趙高想立公子胡亥，於是就同丞相李斯、公子胡亥暗中謀劃政變，立胡亥為太子。因早先趙高犯法，蒙毅受命公正執法，引起趙高對蒙氏的怨恨，因此，黑手就首先伸向了蒙氏。

秦始皇死後，趙高擔心扶蘇繼位，蒙恬得到重用，對自己不利，就扣住遺

詔不發，與胡亥密謀篡奪帝位。他又威逼利誘，迫使李斯和他們合謀，假造遺詔。「遺詔」指責扶蘇在外不能立功，反而怨恨父皇，便遣使者以捏造的罪名賜公子扶蘇、蒙恬死。扶蘇自殺，蒙恬內心疑慮，請求復訴。

使者把蒙恬交給了官吏，派李斯等人來代替蒙恬掌兵，囚禁蒙恬於陽周。胡亥殺死扶蘇後，便想釋放蒙恬。但趙高深恐蒙氏再次貴寵用事，對己不利，執意要消滅蒙氏。便在立太子問題上做文章，蒙毅曾在秦始皇面前譭謗胡亥，胡亥於是囚禁並殺死了蒙毅，又派人前往陽周去殺蒙恬。

使者對蒙恬說：「你罪過太多，況且蒙毅當死，連坐於你。」蒙恬說：「自我先人直到子孫，為秦國出生入死已有三代。我統領著三十萬大軍，雖然身遭囚禁，可我的勢力足以背叛。但我知道，我應守義而死。我之所以這樣做是不敢辱沒先人的教誨，不敢忘記先主的恩情。」

使者說：「我只是受詔來處死你，不敢把將軍的話傳報皇上。」蒙恬長嘆道：「我怎麼得罪了上天？竟無罪而被處死？」沉默良久又說：「我的罪過本該受死，起臨洮，到遼東築長城，挖溝渠一萬餘里，這其間不可能沒挖斷地脈，這便是我的罪過呀！」於是吞藥自殺。

將軍神武，「大」字當前

三軍將士得知將軍死後，都感其賢達明良，懷憤含淚。他們用戰袍撩土將其葬於綏德城西大理河川，遂形成現在的小山丘，與扶蘇墓遙遙相望。朝霜暮塵，默默傳神，猶似當年將帥精誠團結，共同禦敵，寧死不屈之狀。有詩讚云：「春草離離墓道浸，千年塞下此冤沉。生前造就筆幹枝，難寫孤臣一片心。」

蒙恬之死，直接導致了一個結局，就是三十萬秦軍徹底潰敗，三十萬秦軍潰敗之後，秦帝國的滅亡也就註定了。這正是蒙恬作為一個將領，其不可或缺地位的體現。

大將蒙恬，「大」字首先來自大謀大略。當時的「蒙恬」二字，可以令

匈奴人聞風喪膽，乃至於只要有蒙恬在，「胡人不敢南下牧馬，士不敢彎弓抱怨」。這是何等的神氣，何等的威風！

其次，大將蒙恬，「大」字也來自大武大勇。《史記‧蒙恬列傳》中記載：蒙恬在臨終前曾說：「自吾先人及至子孫，積功信於秦三世矣，今臣將兵三十餘萬，身雖囚繫，其勢足以背叛，然自知必死而守義者，不敢辱先人之教，以忘先主也。」從這段並不難懂的古文中，我們可以明白，蒙恬甘心一死，既不是因為無能怯懦，也不是因為渾渾噩噩、忠奸善惡不分，而是來自他的俠肝義膽、坦蕩胸襟，讀來令人肅然起敬。所以，大將蒙恬的「大」字還來自非凡的品格。

將軍神話　千古猶存

對於今天的人，歷史就是一張寫滿字的紙，一切都已寫成，無可更改；但對於古人來說，歷史卻是他們的將來，他們的決定就可以影響歷史。忠君儒雅的性格，決定了蒙恬最終的選擇，同時也註定了後來的歷史。但後來的歷史並沒有忘記這位愛國將領的豐功偉績，至今人們還記住了他除去帶兵打仗以外的才能。

將軍造筆，由來已久

關於蒙恬將軍對毛筆的創造，有這樣一個的故事。

西元前223年，秦國大將蒙恬帶兵在外作戰，他要定期寫戰報呈送秦王。

當時，人們用竹簽寫字，很不方便，蘸了墨沒寫幾下又要蘸。一天，蒙恬打獵時看見一隻兔子的尾巴在地上拖出了血跡，當下心中有了靈感。

蒙恬立刻剪下一些兔尾毛，插在竹管上，試著用它來寫字。可是兔毛油光光的，不吸墨。蒙恬又試了幾次，效果還是不行，於是隨手把那支「兔毛筆」扔進了門前的石坑裡。有一天，他無意中看見了那支被自己扔掉的毛筆，撿起

後，他發現濕漉漉的兔毛變得更白了。

他將兔毛筆往墨盤裡一蘸，兔尾竟變得非常「聽話」，寫起字來非常流暢。原來，石坑裡的水含有石灰質。經鹼性水的浸泡，兔毛的油脂去掉了，變得柔順起來，傳說這就是毛筆的來歷。

歷史上對於秦朝大將蒙恬造筆的說法也有一些記載。當年，秦將蒙恬率軍伐楚，南下至中山地區，因見那裡兔毛甚佳，就用來製筆，毛筆就此誕生。《太平御覽》引《博物志》曰：「蒙恬造筆。」崔豹在《古今注》中也說：「自蒙恬始造，即秦筆耳。以枯木爲管，鹿毛爲柱，羊毛爲被。所謂蒼毫，非兔毫竹管也。」

事實上，出土的文物已證明，毛筆遠在蒙恬造筆之前很久就有了。但蒙恬作爲毛筆製作工藝的改良者，其功亦不可沒。據說，蒙恬是在出產最好兔毫的趙國中山地區，取其上好的秋兔之毫製筆的。湖北雲夢秦墓中出土的三支竹杆毛筆，用竹製筆管，在筆管前端鑿孔，將筆頭插在孔中，另做一支與筆管等長的竹管做筆套，將毛筆置於筆套之中，再用膠粘牢。

爲取筆方便，筆套中間鏤有八點五釐米長的長方孔槽，竹筒塗以黑漆，並繪有紅色線條。可見，這支秦筆的製作已採用了一套完整的製作工藝，而且與現在的筆及其製法頗爲相似，較之戰國時期的楚國筆已大有進步。

相傳蒙恬曾在善璉村取羊毫製筆，在當地被人們奉爲筆祖。又據說蒙恬的夫人卜香蓮是善璉西堡人，也精通製筆技藝，被供爲「筆娘娘」。蒙恬與夫人將製筆技藝傳授給村民，當地筆工爲了紀念他們，在村西建有蒙公祠，繞村而過的小河易名爲蒙溪，蒙溪又成了善璉的別稱。

相傳農曆3月16日與9月16日是蒙恬和卜香蓮的生日，村民們會舉行盛大敬神廟會，以紀念他們的筆祖。因此，蒙恬雖然不能獲得毛筆的專利權，但他製的筆精於前人，對毛筆的改革是有貢獻的。

東漢許慎的《說文解字》說：「秦謂之筆，楚謂之聿，吳謂之不律，燕謂之弗。」先秦書籍中沒有「筆」字，而「聿」字早在商代就出現了，而秦始皇只是統一了筆的叫法，可見筆是早於秦代就存在了。清代大學者趙翼在《陔餘

叢考》中的「造筆不始蒙恬」條中寫道：「筆不始於蒙恬明矣。或恬所造，精於前人，遂獨擅其名耳。」看來，這一評述還是有所根據的。

唐代韓愈《毛穎傳》以筆擬人，其中也提到蒙恬伐中山，俘捉毛穎，秦始皇寵之，封毛穎為「管城子」。後世又以「毛穎」、「管城子」為筆的代稱。除此之外，毛筆的別名還有「毛錐子」、「中書君」、「龍鬚友」、「尖頭奴」等。

造箏傳說，崇愛將軍

另外一種傳說就是蒙恬造箏。漢代應劭《風俗通》記載：「僅按《禮樂記》，（箏）五弦築身也。今并涼二州箏形如瑟，不知誰所改作也。或曰蒙恬所造。」後人根據這段文字，又有如下說法：「古箏五弦，施於竹如築。秦蒙恬改為十二弦，變形如瑟，易竹以木，唐以後加十三弦。」

西晉傅玄駁斥這種說法，見《箏賦》序：「箏以為蒙恬所造，今觀其器：上崇似天，下平似地，中空准六合，弦柱十二，似十二。設之則四象存，鼓之則五音發。體合法度，節究哀樂，斯乃仁智之器也，豈亡國之臣所能開思運巧哉，或以為蒙恬所造，非也。」

蒙恬為秦國大將，傅玄用「亡國之臣無法創造樂器」的陰陽五行論調，似嫌勉強。《舊唐書‧音樂志》也稱箏非蒙恬所造：「箏，本秦聲也，相傳云蒙恬所造，非也。制與瑟同而弦少。」第一部紀傳通史《史記》中的〈蒙恬列傳〉並沒有蒙恬造箏的記載。

而《風俗通》的說法也僅用疑問的口吻說蒙恬造箏，一件樂器若出現在史籍上，其必已經流傳一段時間了，很可能記史者將此樂器的創造記為當時某領導者之功，或者蒙恬為了適應自己的戎馬生活，將箏改制為瑟。

其實，無論毛筆和古箏到底是不是蒙恬將軍發明的，對我們來說已經不是很重要了。重要的是我們從這些記載和故事中瞭解到了將軍與眾不同的一面，同時也看到人們對將軍的敬仰、熱愛與推崇。

威武蓋天地，名飛青雲上

飛將軍李廣

「李廣才氣，天下無雙，自負其能，數與虜敵戰，恐亡之。」

匈奴典屬國公孫昆邪

「秦時明月漢時關，萬里長征人未還，但使龍城飛將在，不教胡馬度陰山。」

唐代詩人王昌齡

戰神檔案

姓名	李廣	又字	少卿
年代	漢代	民族	漢族
出生	不詳	卒年	西元前119年
特點	善騎射		
相關人物	漢文帝　漢景帝　漢武帝　匈奴		
戰神身世	名門之後，從小在父輩的教導下，保留著濃厚的先秦遺風並練就了一身的騎射本領。		
主要事件	◆漢文帝十四年（前166）從軍擊匈奴，以功爲中郎令，補武騎常侍。 ◆漢景帝時，爲北邊七郡太守，以英勇善戰聞名。曾以百餘騎與匈奴數千騎遭遇，解鞍休息，使匈奴兵疑懼而不敢貿然攻擊。 ◆元光六年（前129），以驍騎將軍率萬餘騎兵出雁門郡（今山西右玉境）擊匈奴，後出任右北平太守，匈奴稱爲「飛將軍」，不敢來犯。		
傳世名言	每一支箭出去必要射倒一個敵人。		

名門之後　國之風士

飛將軍李廣是幾千年來抗擊匈奴的代表人物之一。在眾多文人的詩詞裡都可以找到飛將軍李廣的影子。李廣出生將門世家，從小勤學苦練，成就一身絕技。特別是他的騎術和箭術可以說是古來第一人。漢文帝對他的軍事才能讚嘆不已，曾經說過：「惜乎！子不遇時，如令子當高帝時，萬戶侯豈足道哉！」

▲李廣拉弓

地靈人傑，將門家風

李廣的祖上原住槐里（今陝西興平縣東南十里），後來才遷到隴西成紀。「隴西成紀」這個地方真可謂是個人傑地靈的風水寶地，大概位置就是如今的甘肅天水市，是「古絲綢之路」上的重鎮，隴東南政治、經濟、文化的中心。有人考證說這地方將相輩出，從春秋到戰國曾出過六十多位有名的將相。

諸如使秦位列春秋五霸的宰相由余；幫晉文公創立霸業的趙衰、趙盾父子；唐文宗時期的宰相李訓；三國時蜀國大將姜維等，均出自此地。後世文化名人詩仙李白也是此地人，而且和李廣還是一家子，這是他本人說的，有詩為證。

李白在〈贈張相鎬二首〉一詩中說道：「本家隴西人，先為漢邊將。功略蓋天地，名飛青雲上。」詩文描述的正是飛將軍李廣，而且首句就自述李廣是自己的本家。足以證明隴西的確是個好地方，李廣生於此地，而且又是此地名門，真可謂得天獨厚了。

李廣是名門之後，他的祖先就是追擊燕太子丹的秦將李信。自李信之後，

他家就世代傳習射箭，一直保有將門家風，發展到李廣、李敢、李陵祖孫三人，更是到了顛峰。少時的李廣在思想上接受的是其父輩們純正的先秦國士遺風，在這種風氣的薰陶下，李廣從小就具有了以天下為己任的國士品格和作風。「事親孝、與士信、臨財廉、取予義、分別有讓，恭儉下人，常思奮不顧身，以徇國家之急」的先秦遺風在李廣的思想深處根深蒂固。

苦練武藝，一身絕技

在接受思想薰陶的同時，李廣也接受了嚴格的軍事訓練，從小就刻苦學習各種武藝，所以練得一身絕技，尤其是對家傳的箭法、騎射更是達到了精熟，再加上「廣為人長，猿臂，其善射亦天性也，雖其子孫他人學者，莫能及廣」的先天條件，李廣練就了一身馬上本領，這也為他將來馳騁沙場奠定了基礎。

他的騎馬和射箭是古今出名的。有一次他夜間巡邏，發現路邊草叢裡有東西在走動。他以為是一隻大老虎躲在草叢裡，於是朝那裡射了一箭。第二天李廣撥開草叢，才知道昨晚自己看見的並不是什麼老虎，而是風吹草動而已。而他昨晚射出的那支箭，卻深深地插進一塊大石頭裡，拔也拔不出來，可見李廣的臂力是多麼的驚人。

李廣不僅力氣驚人，且射術也驚人，他的部將和後人都不及他。李廣能拉三百多斤力才能拉開的大黃弓，而馬可波羅看到蒙古勁騎射拉開七八十公斤力（合一百五十斤左右）的大弓，很吃驚，認為歐洲兵根本沒法比。李廣能拉的弓，需要的力氣是蒙古勁騎射的兩倍，也就是蒙古騎兵如果不是一擁而上，那麼在其射程達不到的地方，就將被李廣一一射殺。

天生將才，生不逢時

李廣出生的年代，匈奴貴族不斷地侵擾漢的北方邊郡，擄掠人口和畜產，威脅西漢政權，而西漢王朝也逐漸由防禦轉為反擊和大規模的進攻。因此，李廣從小就經受了戰火的磨煉。

西元前166年冬，匈奴單于率十四萬騎南下侵掠，入朝那（今甘肅平涼縣西北）、蕭關（故址在今寧夏固原縣東南），兵臨彭陽（今甘肅鎮原縣東），一直深入到雍（今陝西鳳翔縣）、甘泉（宮名，故址在今陝西淳化縣西北甘泉山）。漢文帝大發車騎前往阻擊匈奴，對於李廣來說，這是個好機會。

此時長得身材高大，兩臂如猿，靈活自如，年方二十的李廣離開家鄉隴西，展開職業軍人的生涯。李廣就連參軍也帶著先秦遺風，史書說他「以良家子」從軍，正是具有恪盡職守，「士為知己者死」的先秦特徵。也就是說李廣對於自己從事的軍事工作有著天然的自覺，或者說成為一名職業軍人是其一生中的大事。李廣帶著滿腔熱血，一腔豪情走上了抗擊匈奴的戰場，這一走，就是四十七年。

漢軍的這次出擊，僅將匈奴逐出塞外，未能予以重創。李廣卻因為英勇無畏，善於騎射，多斬敵首和多有虜獲，所以論功行賞時，被提拔為中郎令（郎中令屬官，掌守門戶，出充車騎）。李廣的從弟李蔡，也因功得任郎官。他們兩人還都得到武騎常侍的加銜，祿秩皆為八百石。

後來，李廣經常隨從漢文帝出行，無論是衝陣奪關，還是格鬥猛獸，都表現出非同尋常的勇力。漢文帝曾對他說：「可惜你生不逢時，假使你生在高帝打天下那個時候，就是做個萬戶侯，也不在話下。」在伴帝左右的幾年裡，他寫出了三篇有關射箭的傳世著作，可見李廣不但是技術操作能手，同時也是一位理論專家。這也足以看出他的確算得上是文武全才，尤其在射箭領域是相當專業的。

箭術高超　機智勇猛

李廣作戰機智驍勇，謀略過人。他三箭射死兩名匈奴的射鵰手，還生擒一名，更憑著勇猛和機智，締造了匈奴千騎不敢進攻李廣百騎的經典戰役。李廣和匈奴作戰，總是凶悍不已，以力戰出名，讓匈奴的士兵們聞風喪膽，甚至一見到李廣的旗幟，就反射性的頭疼，無不視李廣為「瘟神」，避之唯恐不及。

▲李廣將軍

三箭滅鵰手，一人抵千騎

漢景帝中元六年（前144），匈奴大軍南下，直搗上郡，漢景帝派他所寵信的一個宦官跟隨李廣學軍事，以便領兵打擊匈奴。有一次，這個宦官率領幾十名騎兵，追上三名匈奴兵。接戰後，三名匈奴兵轉身勁射，宦官中箭逃回，從騎都被殺死。宦官逃回後，向李廣訴說經過。李廣說：「這一定是專射鵰的能手。」為了消滅後患，李廣立即帶領百騎疾追。

那三名匈奴射手無馬，徒步走出幾十里，已接近匈奴大隊。李廣趕上後，令隨從分左右兩翼包抄。他親自向那三個匈奴兵發箭，二人應弦而倒，一人被活捉。訊問得知，他們果然都是匈奴方面專射鵰的能手。李廣等剛把活捉的人捆綁結實，提放馬上，匈奴數千騎就已經進入視野。

匈奴見李廣等只有百騎，以為是漢軍方面故意誘騙他們上當的疑兵，起了戒心，趕緊爬上山頭，擺成拒敵的陣勢。李廣的隨從也都十分恐懼，急著掉轉馬頭往回逃，被李廣及時喝住。

李廣說：「我們脫離大軍幾十里，現在若是逃跑，匈奴人追上來射我們，我們誰都逃不脫；若是我們駐馬不走，匈奴方面必然以為我們是來引誘他們上

當的。這樣一來，他們也就不敢來打我們了。」隨後，李廣下令前進，他們一直進到距離匈奴兵只有兩里左右的地方，才停下來。

李廣又命令隨從一齊下馬，都把鞍韉卸了。胡人越發以爲這是在引誘他們上當。有一個騎白馬的將官還走馬出陣，特意監護他們的軍隊，使其不得妄動。李廣令十多個隨從，跟他一起突然上馬，旋風般地射殺白馬將，然後仍回到自己的隊伍中，解下鞍韉，命令大家都把馬放開，各自隨便躺下。

胡人越發不敢妄動，雙方一直僵持到半夜，胡兵擔心漢軍設伏，遂全部撤離。第二天清晨，李廣率百騎非常從容地回到了大本營。大軍因爲不知道李廣的去向，所以也沒有發兵接應。

後世將這一戰定位爲「疑兵之戰」的典型戰例，其實仔細分析李廣此戰，固然有其足智多謀之處，但也不排除他蠻幹的成分。他在聽取宦官的報告後不加仔細分析匈奴的軍事力量，而貿然帶了百餘騎出巡，顯然是不具備一個將領的基本常識，他只是單純的以爲只有三名匈奴兵，而沒有考慮到匈奴會有大軍就貿然涉險，也是兵家大忌。不過，他的臨危不亂的勇氣卻不是人人都能效仿得來的，這也是他顯威名的先決條件。

以狠對外，以愛對內

李廣每到一個地方和匈奴作戰，都是凶悍不已，以力戰出名，在匈奴的部隊裡，他已是個無人不知無人不曉的人物。匈奴的士兵見到李廣的旗幟就頭疼，每當李廣離開，到別處去赴任的時候，本地的匈奴們無不額手稱慶——這個「瘟神」終於走了。事實上李廣殺傷匈奴很多，但是自己的損失也比較大，所以有一些下屬對李廣也是有意見的。

特別是治下的一些地方官吏對他沒有多少好感，因爲李廣在那時用現在的話說應該算是強硬派。不過，我們從當時漢朝和匈奴的總體戰略態勢來看，李廣這種做法雖然對局部地區不利，但是對於中原地區是非常有好處的。這樣做牽制住了匈奴人，讓他們沒有空去思考如何向漢朝的縱深進攻，而把有限的大

腦和精力都花在了怎麼和李廣這種中級將領的周旋上了。

李廣在對匈奴的作戰上表現出一個「狠」字；而對士兵則表現為「愛」。在行軍征戰中，嚴於律己、寬以待人。

一次，在行軍途中，天氣非常寒冷，李廣發現身邊有一個腿部負傷的士卒，凍得全身直打顫，行走起來一跛一跛的，十分艱難。於是他立即跳下馬背，毫不猶豫地牽著韁繩來到這個士卒跟前，親切地對他說：「你行動如此不便，就暫時騎我的馬吧！」說完李廣便小心翼翼地把他扶上馬背，並且親自為他牽馬，同時，輕聲地和他交談。

負傷的士卒受到將軍如此的呵護，不由得感激涕零。當軍隊終於到達宿營地點時，又發現軍中糧食缺乏，李廣為了讓負傷的士卒吃得好些，就將自己那份飯菜也給他送去，自己卻是空著肚子挨了一夜。

李廣為人真誠和善，行事磊落，關心部下，雖然不自我張揚，但也使許多人深受感動。士卒們因受到將軍的關懷，便全力以赴地殺敵打仗，來回報他，致使軍隊捷報頻傳，所向無敵。

虎目傲然　威震匈奴

西元前125年，李廣奉命率兵出塞尋殲匈奴，遇上匈奴主力，面對十倍於己的敵人，李廣奮力拚殺，終因寡不敵眾被敵人擊敗，李廣受傷被匈奴活捉。憑藉自己的機智果敢，李廣從匈奴部隊中逃脫，匈奴士兵數萬人蜂擁追趕，李廣且戰且退，終於逃過了匈奴的追殺而得以返回漢營。

然而兵敗的事實使得李廣被免去官職，貶為庶民。不久，匈奴兵馬進攻遼西，邊疆軍情驚動朝廷。朝中選將無人，於是李廣又被起用，任命為右北平（治所在今遼寧凌源西南）太守。匈奴得知李廣到此，不敢到右北平搶掠。匈奴稱他為「漢之飛將軍」，他所到之處，皆令匈奴喪膽。

外鬆內緊，贏得愛戴

李廣帶兵有他自己的特點。他宿營的時候也不設崗哨，士兵們愛做什麼就做什麼。但是李廣治軍外鬆內緊，一旦發現匈奴部隊，士兵們毫不慌亂，瞬間就能結陣相對，所以匈奴對李廣也沒有什麼偷襲的手段。相比其他將軍，士兵們都願意跟隨李廣而不願意跟隨規矩繁多的將軍。

五胡時代的名將慕容翰，他的統軍方式和李廣類似，也是表面上看起來不緊不鬆，但實際上堅如磐石。不過從現代軍隊制度理論上來看，這樣做是完全錯誤的。因為這樣的軍隊並沒有統一的制度和模式，而僅僅依靠主官的個人能力和威望來凝聚戰鬥力，強則強亦。但是隨著主官的更替，弊端就會暴露無遺。

李廣治軍不講陣列，卻很重視偵察候望，掌握敵情。家無餘財，也從不講置家產之事。得到獎賞，都分給部下，飯食和士兵一樣，毫不特殊，遇到缺糧缺水的地方，等全軍戰士吃喝完畢，他才去吃喝。為人廉潔，待人寬厚，毫不苛求，故得到戰士的愛戴，願為他效命疆場。

「飛將軍」在，奴不敢犯

西元前125年，李廣出雁門（今山西代縣西北）擊匈奴，因寡不敵眾，兵敗被擒。李廣傷勢很重，被胡騎橫放在用繩子結成的網子裡，這網子就張掛在兩匹馬的中間。走了十多里，李廣躺在網子裡裝死，卻暗暗留心著逃跑的機會。他瞥見身旁有一少年胡人騎著一匹好馬，就冷不防一躍而起，一下子跳到他的馬上，將他推下馬，取其弓箭，然後加鞭催馬，南馳數十里，才遇到自己的殘部。

胡兵數百騎死命地追捕李廣，李廣就用那少年胡人的弓箭，不斷轉身射殺胡騎，才得以逃脫。這裡面要指出一點，當時的騎兵是沒有馬鐙的，所以，在高速的運動中要在馬上射箭，就必須完全靠雙腿的力量夾住馬身，騰出雙手。這是一種非常高難度的動作，這種情況下還要保證很高的命中率簡直就是一個

奇蹟。但是，李廣做到了。這一役雖敗，但李廣單騎逃脫，極具傳奇，匈奴人都稱之爲「飛將軍」。

回到漢軍陣地，按漢法律，這次戰鬥，李廣曾被俘，部下傷亡多，當判死刑。但考慮到他的功績，就貶他爲平民了。李廣在家期間，匈奴兵又侵入邊境，殺死了遼西太守，打敗了將軍韓安國。於是漢武帝又起用李廣爲右北平太守，李廣上任的消息傳到匈奴，頓時引起震驚。

提起「飛將軍」李廣，匈奴個個都無不敬畏。在敵人那邊都能得到這樣高的評價，李廣在當時可以說是漢軍第一人。讓匈奴人頭疼的李廣又鎮守在邊境與他們面對面，於是，他們頓時變得老實起來，有數年不敢侵犯李廣鎮守的地域。

擔任這幾地的太守時，李廣眞正開始了自己帶兵、治軍的生涯。李廣愛兵，其愛兵無度到了「寬緩不苛」的地步，這在上面已提過了。孔子說：「道千乘之國，敬事而信，節用而愛人，使民以時。」這說的是君王與子民之間的關係，但「敬事而信，節用愛人」之說用在李廣身上大概也是當之無愧的。他每每身先士卒，處處不計個人安危「力戰」匈奴，就是以極其認眞負責的態度來對待自己所從事的工作，這就是一種「敬事」，也就是如今所說的「敬業」。

鎮定自若，滿弓怒射

在這之後，李廣以郎中令官職率領四千騎兵從右北平出塞，博望侯張騫率領一萬騎兵與李廣一同出征，分行兩條路。行軍約幾百里，匈奴左賢王率領四萬騎兵包圍了李廣，李廣的士兵都很害怕，李廣就派他的兒子李敢騎馬往匈奴軍中奔馳。

李敢獨自和幾十名騎兵飛奔，直穿匈奴騎兵陣，又從其左右兩翼突出，回來向李廣報告說：「匈奴敵兵很容易對付啊！」士兵們這才安心。李廣佈成圓形兵陣，面向外，匈奴猛攻，箭如雨下。漢兵死了一半多，箭也快用光了。

李廣就命令士兵拉滿弓，不要放箭，而李廣親自用大黃弩弓射匈奴的副將，殺死了好幾個，匈奴軍才漸漸散開。這時天色已晚，軍吏士兵都疲憊不堪，嚇得臉色大變，可是李廣卻神態自然，更加注意整頓軍隊。軍中將士從此都更加佩服他的勇敢。

桃李不言　下自成蹊

李廣留給我們更多的是他勇猛剛烈的形象。歷史上很少出現這樣富有個性的將軍，無論輸贏勝敗，他都保持了一個職業軍人的本色和氣度，充滿著勇往直前的氣魄和視死如歸的拚勁。海明威在《老人與海》中曾說：「你可以消滅他，但是你不可能打敗他。」這樣的話用來形容李廣，真的是再恰當不過了。

▲領兵出征

老當益壯，悲壯自刎

到漠北之戰時，李廣已經六十歲了，但憑藉軍人的氣節，李廣多次強烈要求出戰。最後漢武帝劉徹只好讓他跟隨衛青出戰。衛青探明匈奴單于的所在，決定親自率領精兵進攻，而讓李廣跟隨右軍走另一條道。李廣向衛青請求要作為他的前部，說自己從小和匈奴作戰，希望大將軍能夠給自己一個俘獲匈奴單于的機會。

但是衛青早就得到漢武帝的指示——李廣年紀大了，所以不宜為前部。因此，衛青拒絕了李廣的提議，而是根據他的特點讓其從側翼出擊。老將軍李廣覺得衛青嫌他老看不起他，於是生氣，站起來徑直走了出去。

李廣進軍的路途中，嚮導意外失蹤，所以他所率領的大軍迷失方向，最後

到達預定位置的時候已經晚了好多天。而衛青這一路也沒有什麼斬獲，漢匈雙方激戰數場，匈奴的單于見勢頭不妙就率軍逃走。事後衛青遇到右軍，就派長史（軍隊執法官）去詢問李廣爲何失期不至導致匈奴逃遁。李廣見事情又變成這個樣子，就對長史說：「這件事情和下面的各位校尉沒有關係，是我自己迷失了道路，責任全部在我這邊。」

李廣又對自己的部下說道：「我從小就和匈奴作戰，大大小小七十多戰，這次跟從大將軍出戰，結果迷失道路，這是天意啊！我李廣已經六十多歲了，不能再去面對那些軍法官，受那種羞辱。」然後李廣就引刀自刎了。李廣死後，全軍將士無不痛哭失聲，消息傳開，老百姓們也是流淚嘆息。

戎馬歲月，傳奇一生

李將軍的死，實在是一個令人傷痛的悲劇，縱然不是自盡的下場，其生不逢時、命運多舛的一生，也令人不勝唏噓。即使只是讀他的故事，與其本人並不相識，但是也如同太史公描述的一樣：「天下知與不知，皆爲盡哀。彼其忠實心誠信於士大夫也。」誠然「桃李不言，下自成蹊」，這是一個雖敗猶榮的英雄故事，令人無限神往。

李廣的一生是極富傳奇色彩的，其一生的大部分時光是在與匈奴作戰的戰場上，但最終不得封侯。對當時的一個軍人來說，這是個極大的缺憾。想當時，漢文帝時代信任老臣，李廣正值少年郎；漢景帝時代重文輕武，李廣卻是武將；漢武帝時代偏愛青年將領，李廣卻已經白髮蒼蒼。李廣一生，眞可以說是生不逢時啊！

不過話說回來，李廣也是有過機會的。由於官職卑微，李廣一直戍守在抗擊匈奴最前線上。漢家皇帝也很欣賞他，雖說沒有軍功，但其憑著勇敢也屢次獲得升遷，然而命運卻在每一個關鍵時刻捉弄他，套用現代人的說法——李廣可能多少帶點不走運的成分。

漢文帝、景帝時代，李廣屢次與匈奴發生小規模的軍事衝突，他的作戰經

驗對漢朝來說彌足珍貴，尤其是他的威名讓匈奴膽寒。後來漢匈開戰，匈奴幾乎都是用精銳部隊來對付李廣所在部隊，這是李廣對匈奴戰績不佳的一個客觀原因。但是，在西漢前期，正是由於有李廣這般奮勇作戰的精神，才遏止了匈奴的侵略野心，使他們不敢過分南下侵擾，為漢朝反擊匈奴的準備贏得了寶貴的時間。

好的將軍並非好的元帥

然而，大部分人則認為李廣還是沒有得到重用，皇帝不知人善任，喜歡用自己親近的人，比如衛青、霍去病等。但是仔細分析李廣的事蹟，不難得出以下結論：在戰場上衝鋒陷陣，身先士卒，大概沒有人敢和他並肩。

李廣大概是個有點像李逵似的人物，但其在深陷絕境時表現出的機智和膽略，又遠高出李逵；也許可以和張飛一比吧。但最終李廣缺少的似乎是運籌帷幄，決勝千里的智慧，如果不是這樣的話，就難以解釋李廣為什麼在與匈奴接戰的七十餘次戰役中，竟然掙不到可以封侯的殺敵之數。

李廣與漢朝其他將領不同，他可以說是一個匈奴化了的漢朝將領。他的帶兵特色和作戰方略都有很強的匈奴特色，比如軍令寬延，逐水草而居。作戰勇猛，精於騎射，但缺少漢朝軍隊所特有的紀律性和整體性特色。而漢軍對匈奴的優勢，正在於嚴格的紀律性和協同作戰的能力。這正是李廣之所以無法在對匈奴作戰中建功的重要原因。在吸取了別人長處的同時，卻摒棄了自我的優點，這顯然是不可取的。

平心而論，李廣是一個優秀的將軍，是一個將才，卻不是一個帥才。從上面的分析可以推斷出其單兵作戰能力勇猛，卻缺少通觀全局的能力。他可以說是一個好的先鋒，好的將軍，卻做不成一個好的元帥。

後來漠北決戰，衛青令他從側翼出擊，從軍事角度講，並非是看輕李廣的才華，而是為了更好的發揮李廣作戰衝擊力強，運動迅速的特點。可惜天不助李廣，一場沙暴毀滅了李廣最後的機會，最終還以橫刀自刎來結束人生。但是，作為一個將軍，李廣將永遠得到人們的尊敬。

七戰七勝，居功不自傲

楷模將帥衛青

曾是大漢帝國的棟樑，死後雄風猶存，守護著漢王朝
的百年基業……王侯將相，歸於塵土，掩蓋不了漢朝
大漢第一將衛青的千秋功業、千秋聲名。

戰神檔案

姓名	衛青	又字	仲卿
年代	漢代	民族	漢族
出生	不詳	卒年	西元前106年

特點	善騎射　謙虛謹慎　禮賢下士
相關人物	漢武帝　霍去病　匈奴
戰神身世	出身卑微，由於私生子身分從小感受不到家庭的溫暖，在悲慘中度過了童年。成人後成為公主府中的家奴。
主要事件	◆漢武帝元光五年（前130），率軍奔襲匈奴右賢王部，乘夜突然襲擊，殲一萬五千人，升任大將軍。 ◆漢武帝元光六年（前129），武帝毅然決定，拜衛青為車騎將軍。 ◆元狩四年（前119），衛青率漢軍打垮了匈奴的主力，使匈奴元氣大傷。從此以後，匈奴逐漸向西北遷徙，以致於「漠南無王庭」。
傳世名言	賴陛下神靈，軍大捷，皆諸校尉力戰之功也，陛下幸已益封臣青。臣青子在襁褓之中，未有勤勞，上幸列地封為三侯，非臣待罪行間所以勸士力戰之意也，伉等三人何敢受封！

年少多劫　險象環生

　　西漢漢武帝時期的大將軍衛青是一位頗具傳奇色彩的歷史人物：從一個遭人嫌棄、飽受欺凌的侯府女僕私生子，到抗擊匈奴開疆拓土戰功赫赫的大將軍；從公主的騎奴，到公主的丈夫，權傾朝野，位極人臣。但衛青卻能做到居功不傲，小心謹慎地得以善終。衛青身上似乎聚集了太多不可思議的神祕光環。而他那悲慘困苦的童年，尤為引人關注。

▲衛青像

草根命運，悲慘童年

　　衛青的出身極為卑微，幾乎到了不能再卑微的地步。他原是一個叫鄭季的人在平陽侯曹家做事時，與曹家婢女衛媼私通所生的私生子。衛青的童年，是作為公主府的娃子，在母親的膝下度過的。

　　七八歲時，衛氏無力撫養，他被送到了親生父親鄭季的家裡。按常規，一個縣吏的兒子，是應該上學讀書的。但衛青因是私生子身分，鄭家人必然不會對他有什麼好感，連他生父都不太憐惜他，讓他去放羊，更不用說其他人了，他的同父兄弟們甚至都把他當奴僕看待。

　　為了放好羊群，小衛青必須每天起早貪晚，爬山涉水，尋找草地，常遭風吹雨打，忍饑受餓。勞累了一天，回到家中也得不到一點溫暖，家裡所有人對待他都像對待小奴隸一樣，隨意鞭笞辱罵，他飽嘗了人間的苦難。惟一使他感到歡樂的是大自然的美麗風光和牧童小夥伴的純樸友誼。

　　衛青在艱難困苦中熬煎，他頑強地掙扎著，終於送走了辛酸的童年和少年，等到衛青稍大的時候，不願再過那種受虐待，受凌辱的生活，便回到了母

親身邊，回到了曹家。從此，他跟著皇帝的姐姐平陽公主，平陽公主十分喜愛這個英俊懂事、勤奮好學的青年，讓他做了自己的侍從騎奴。這樣，衛青又開始了一種新的奴僕生活。

作為皇親國戚公主府的家奴，衛青逐漸學到了一些文化知識，懂得了一些社會上層待人接物的道理。這時他最小的姐姐衛子夫，也已長大成人，長得更加美麗，成了公主府裡一名才貌雙全的歌女。他們一家幾口，都在公主府裡過著寄人籬下的日子。總之供人驅使、低賤的地位是沒有多少改變的。

有一次，他和別人一塊兒去甘泉宮，一個囚犯看見他便說：「以你的面相看來，你是貴人，應該封侯的。」衛青笑著說：「奴婢生的兒子，人家不斥責打罵就不錯了，還能封了侯？」

時來運轉，大難不死

上面的故事是司馬遷在《衛青、霍去病列傳》裡說的一個小細節，很容易被忽略，但這種細節是不能忽略的。我們應該知道劉邦和項羽看見秦始皇儀仗時的表現，劉邦說：「大丈夫當如是。」項羽說：「彼可取而代之。」就這兩句話，他們二人一個深沉一個張揚的性格就躍然紙上。

不能因為衛青說這種「沒人打罵就不錯了」顯得很窩囊的話，就認為他是一個沒有抱負的人。衛青是笑著說的，說明他很高興，也暗示著他未必沒想過報國封侯的事，只是現在的境遇與理想差得太遠。衛青從小就生活在被人歧視的奴役環境裡，他所能做的只能是謹慎做事、小心做人，不大可能像項羽一樣囂張，甚至不會像陳勝一樣敢說「燕雀安知鴻鵠之志」。他的志向是埋在心裡的。

這個窮小子，在漢武帝建元二年（前139）突然就時來運轉了。他的同母姐姐衛子夫進了宮，並得到漢武帝寵幸。所謂一人得道，雞犬升天。衛青和他的兄弟姐妹也發達起來，衛青也被召到建章宮當差。但衛子夫得寵，衛家突然興盛，肯定會被人嫉妒，比如皇后。

　　原來陳皇后雖然與漢武帝結婚數年，被立爲皇后，但沒有生過兒子，她想到如果衛子夫生下男孩，就會被立爲太子。子貴母榮，衛子夫也就會扶搖直上，成爲皇后。她深感自己的地位受到了威脅，因而悲憤交加。可是衛子夫正得皇帝寵愛，陳皇后不敢直接加害於她，就經常在自己的母親大長公主面前訴委屈、發怨言。

　　大長公主是漢武帝的姑母，也深知此中的利害，唯恐女兒失寵，自己的尊榮受影響。於是就找了個藉口，要加害衛青，並把他逮捕下獄，準備把他處死。當時衛青有一個好友，名叫公孫敖，是皇帝身邊的一個侍從，他聽到了消息，率領平時和衛青要好的幾名壯士，闖進囚室，把衛青救走。

　　漢武帝得知後，非但沒有怪罪，還賞賜了他們。衛青同母兄弟姐妹都顯貴了，幾天裡賞賜達千金之多，連公孫敖都由此顯貴。等到衛子夫成爲皇后，衛青也被任命爲太中大夫。眞是大難不死，因禍得福啊！從這時起，漢武帝開始著力培養他，並在元光六年（前129）派他和李廣等三位將領一起兵分四路出擊匈奴，衛青一生的功業從此開始。

首次出征　一鳴驚人

　　衛青並不是殲滅匈奴最多的將領，但是他確實是漢匈戰爭裡貢獻最大的將領。漢朝反擊匈奴的第一個勝仗就是衛青打的，龍城戰役雖然只消滅敵人七百人，但卻粉碎了許多漢朝主和大臣宣揚的「匈奴不可戰勝」的神話，使漢朝將士樹立了「必勝匈奴」的堅定信念。第一次對每個人來說都很關鍵，衛青也不例外。

王恢獻謀，漢軍無功而還

　　漢武帝即位後，形勢已經發生了根本的變化。除了國家經濟實力空前雄厚外，同姓諸侯王的勢力基本上被打垮，已無內顧之憂，中央集權和國家的統一

得到了空前的加強，反擊匈奴的客觀條件已經成熟了。

元光二年（前133），雁門馬邑縣一個有財勢的人聶壹向漢武帝上書說：「匈奴剛與漢朝和親，對漢不加防備，可誘之以利，設下埋伏襲擊，這樣一定可以取勝。」漢武帝於是召集大臣們商議，御史大夫韓安國認為，從前高帝被圍於平城，當時尚且不能對付匈奴，現在如果輕舉冒進，無異於把軍隊送給敵人，因此不如仍然執行和親政策，維持現狀。

大行（負責內附民族事務的外交官）王恢不贊成韓安國的意見。他認為，戰國初期，代國雖小，匈奴還不敢輕易侵犯它；現在全國統一了，反而「邊境數驚，士卒死傷」，這是十分令人痛心的事。他提出採取誘敵深入進行伏擊的具體作戰方案。漢武帝經過考慮，決定採納王恢的建議。

這一年的六月，漢廷先派聶壹去引誘軍臣單于（老上單于之子）。聶壹向匈奴單于說，他能斬馬邑令丞，以縣城投降，配合匈奴的進攻，馬邑的財物可以盡歸匈奴。軍臣單于聽了，信以為真，於是率軍前來。

漢武帝則派騎兵和材官（步兵）三十餘萬，由護國將軍韓安國擔任總指揮，分兩路設伏：以李廣、公孫賀率領的主力部隊埋伏在馬邑的山谷中，準備等匈奴兵入伏後予以殲滅；以王恢、李息率領的三萬人馬出代郡，插入匈奴後方，襲擊匈奴輜重（編按輜重，軍事上指跟隨作戰部隊行動，並對作戰部隊提供後勤補給、後送、保養等勤務支援的必要人員、裝備與車輛），斷其退路。

軍臣單于率精兵十萬，如期進入武州塞（今山西左雲縣）。行至距馬邑百餘里處，見到畜群佈滿原野，卻無人管理，於是產生了懷疑。接著又捉到一個漢朝巡邊的尉史（漢朝在近塞設置的下級武官），這個尉史洩漏了漢軍誘擊匈奴的軍事祕密，軍臣單于大驚，慌忙掉頭退去，漢軍無功而還。這就是歷史上有名的「馬邑之謀」。自此之後，漢和匈奴的關係進一步惡化起來，匈奴貴族又經常侵擾漢朝的邊境地區。

智勇雙全，一馬當先

漢武帝從馬邑事件中看到，原有的一些將領老成持重有餘，主動進攻不足，魄力不夠，很難適應戰爭的需要。他認為「有非常之功，必待非常之人」，要想取得勝利，必須提拔後起之秀。武帝元光六年（前129），武帝毅然決定，拜衛青為車騎將軍。

這年冬天，匈奴又一次興兵南下，前鋒直指上谷（今河北省懷來縣）。這次用兵，漢武帝分派四路出擊。車騎將軍衛青直出上谷，騎將軍公孫敖從代郡（今河北蔚縣東北）出兵，輕車將軍公孫賀從雲中（今內蒙古托克托東北）出兵，驍騎將軍李廣從雁門出兵，四路將領各率一萬騎兵。

這次進擊匈奴，衛青是首次出征。但他在戰鬥中，勇猛非凡，領兵打出長城，深入匈奴境內，直至龍城（匈奴單于祭天和聚會首領的地方），斬敵七百人，取得初戰勝利。其餘三路，公孫敖損失了七千人馬，李廣戰敗被匈奴俘獲後於半路逃歸，公孫賀則是無功而還。漢武帝看到只有衛青勝利凱旋，非常賞識，加封關內侯。

漢朝對匈奴的反擊，使得匈奴的進犯更加猖狂了。西元前128年的秋天，匈奴騎兵大舉南下，先攻破遼西，殺死了遼西太守，又打敗漁陽守將韓安國，劫掠百姓二千多人。匈奴騎兵乘勝西進，勢如破竹，銳不可當，很快便突入雁門。西漢整個北部邊郡形勢緊張，京師長安一片驚慌，各地告急的文書雪片般地飛奏朝廷。

在這危難之際，漢武帝又重新起用李廣，派他到右北平擔任太守，這時匈奴騎兵有意避開飛將軍李廣，不向右北平進攻，而向西北各郡進犯。為此，衛青再次受命出征，迎戰匈奴。與此同時，漢武帝還指令李息從代郡出兵，襲擾匈奴後路，同衛青一路遙相策應。

衛青在分析了敵我雙方的情況後認為：匈奴雖奔襲千里，斬將奪城，但是士卒疲憊，漢軍則是養精蓄銳，士氣高昂。因此，利在速戰。他得到出戰的命令以後，馬上率領三萬多精騎，揮師北上，風馳電掣般趕到前線。

衛青一馬當先，衝殺在前。校尉士卒見主將親臨作戰前線，也勇氣倍增，無不人人爭先，拚死殺敵，兩軍展開了一場驚心動魄的激戰。匈奴被漢軍打得七零八落，丟下數千具屍體，狼狽逃竄。

至此衛青漂亮地完成了他的首次出征，得到漢武帝及其他大臣將領的認可。雖說衛青是憑藉裙帶關係而突然飛黃騰達的，但他決非碌碌無爲之輩，他用事實證明了自己的能力，用實力贏得了他人的認可。

河、漠二戰　扭轉局面

衛青率領的漢軍收復了河南，具有重要的戰略意義：他抽掉了匈奴進犯中原的跳板，解除了其對長安的威脅，並為漢軍建立了一個戰略進攻的基地。為此，衛青凱旋而歸後，漢武帝破格提升衛青為大將軍，成為全軍的統帥。

新任大將軍的衛青又兩度率騎兵出定襄（今內蒙古和林格爾西北），前後殲滅匈奴軍隊一萬多人，擴大了對匈奴作戰的戰果，迫使匈奴主力退卻漠北一帶，遠離漢境。並在這次和匈奴的戰鬥中帶出了漢朝另一位抗匈的名將霍去病。

迂迴側擊，控制河套

元朔二年（前127），匈奴騎兵又侵入上谷、漁陽，殺掠吏民數千人。西漢和匈奴的鬥爭已經到了白熱化的程度。漢武帝決定用全力收復河南地，以消除匈奴的威脅。西漢的河南地，即今黃河河套地區，這裡水草豐美，宜於農牧，其地又臨近西漢首都長安，無論在經濟和軍事上，都佔有十分重要的地位，因此歷來是兵家必爭之地。

由於這次戰爭是西漢對匈奴發起的第一次戰略進攻，在戰爭指導上，漢武帝經過深思熟慮，採取了胡騎東進，漢騎西擊的「避實擊虛」戰法，而這次重

大軍事決策的執行，又落到了衛青身上。

戰前衛青仔細分析了當時情況，認為要是直接從長安正面攻打盤踞河南的匈奴樓煩王、白羊王，他們勢必會退至石門水（今內蒙古包頭市西昆都淪溝）、高闕（今內蒙古彥淖爾盟杭錦後旗）兩個山口，憑險據守，北面還有單于王廷和右賢王為後盾。

因此，衛青率領四萬大軍引兵北上，出雲中，沿黃河西進，採用「迂迴側擊」的戰術，西繞到匈奴軍的後方，迅速攻佔石門水和高闕，切斷了駐守河南地的匈奴白羊王、樓煩王同單于王廷的聯繫。

然後，衛青又率精騎，飛兵南下，進到隴西，形成了對白羊王、樓煩王的包圍。匈奴白羊王、樓煩王見勢不好，倉惶率兵逃走。漢軍殲敵數千人，奪取牲畜一百多萬頭，完全控制了河套地區。戰後，衛青因立有大功，被封為長平侯，食邑三千八百戶。

築城設郡，打下根基

除了在河套設立了朔方郡，又把秦朝時候蒙恬沿河修築的舊長城加以修繕，作為屏障，進行固守。漢武帝還下詔招募百姓十萬人到河套地區去屯墾備邊。這些措施，都在一定程度上加強了漢朝對匈奴的防禦。

衛青連續取得對匈奴作戰的勝利，意義是非常重要的，一是初步摸索出在陌生的領域，對付作風強悍且具有高機動性優勢敵軍的一些作戰方式，或許衛青幼時的放牧經歷對其在草原中尋覓敵人的蹤跡不無裨益，否則無法解釋為何能連續在茫茫草原中覓得匈奴人的蹤跡，這在當時的條件來看是件不可思議的事情。

二是戰後，奪得黃河以南的朔方地，完全控制了河套地區。這一帶水草肥美，曾是匈奴人的理想牧場。軍事作戰的勝利，不僅在軍事上給匈奴嚴厲的打擊，在經濟上也給了匈奴當頭一棒。漢武帝採納大臣主父偃的建議，在這裡修建了朔方城（今內蒙古杭錦旗西北），設置朔方郡、五原郡。從內地遷徙十萬

人到那裡定居，還修復了秦時蒙恬所築的邊塞和沿河的防禦工事。

　　這樣，不僅抽掉了匈奴進犯中原的跳板，解除了匈奴騎兵對長安的直接威脅，同時也建立起進一步反擊匈奴的前方基地。可以說，衛青此戰為漢朝此後的一系列勝利打下了根基。

漠南之戰，拜大將軍

　　丟失了土地肥沃、水草豐美的河套地區，使匈奴在經濟上遭受了重大損失。掠奪成性的匈奴貴族，並不甘心於河南作戰的失敗。從元朔三年（前126）到元狩元年（前122）的五年間，匈奴右賢王不斷地從代郡、定襄（今內蒙古和林格爾）入侵，但這些圖謀都在漢廷的反擊下破功了。

　　元朔四年（前125），匈奴分兵大舉侵入代郡、定襄、上郡，殺掠了幾千人。第二年春天，漢朝派衛青統領六將軍，帶領十餘萬人，從新根據地朔方進行反攻。

　　「青將三萬騎出高闕，衛尉蘇建為游擊將軍，左內史李沮為強弩將軍，太僕公孫賀為騎將軍，代相李蔡為輕車將軍，皆領屬車騎將軍，俱出朔方。」衛青這次採用夜襲的手段，命令部隊馬不停蹄，兵不卸甲，長途出塞六百餘里，出其不意，閃擊匈奴右賢王部。

　　匈奴右賢王認為漢軍離得很遠，一時不可能來到，正在帳中擁著美妾，暢飲美酒。忽聽帳外殺聲震天，火光遍野，右賢王驚慌失措，倉惶中忙把美妾抱上馬，帶了幾百壯騎，突出重圍，向北逃去。漢朝輕騎校尉郭成等向北追趕了幾百里，俘獲匈奴裨王（小王）十餘人，男女一萬五千人，牲畜數十萬頭。漢軍大獲全勝，凱旋而歸。

　　當漢軍回到邊關的時候，漢武帝派使者捧著印信，在軍中拜衛青為大將軍，加封食邑八千七百戶，所有將領都歸他指揮。衛青的三個兒子都還在襁褓之中，也被漢武帝封為列侯。衛青非常謙虛，堅決推辭說：「微臣有幸待罪軍中，仰仗陛下的神靈，使得我軍獲得勝利，這全是將士們拼死奮戰的功勞。陛

下已加封了我的食邑，我的兒子年紀尚幼，毫無功勞，陛下卻分割土地，封他們爲侯，這樣是不能鼓勵將士奮力作戰的，他們三人怎敢接受封賞。」

衛青將榮譽歸功於皇帝和諸將士，此舉讓他在皇帝面前和將士中樹立了同甘共苦的形象，也是衛青之所以爲一代名將的重要原因。漢武帝隨後又封賞了隨從衛青作戰的將領。

揮師再戰，解除侵犯

漢南戰役最大的成就是，進一步鞏固了朔方要地，並將匈奴左右兩部切斷，形成「分而制之」的戰略局面。同時，解決了以往漢軍無法深入塞外作戰的問題，史書沒有明確記載衛青採用了什麼戰術，但從戰役過程和結果來看，可以說漢軍在戰術上已經達到了一個相當高的層次，開始有了騎兵大兵團高機動性的大迂迴、大縱深作戰的初步概念，衛青對於大漢鐵騎的形成可謂居功至偉。

此後不久，匈奴又於同年秋天，出動騎兵萬人侵入代郡，大肆殺掠。漢武帝爲了進一步打擊匈奴主力，鞏固邊防，於元朔六年（前123）二月，令大將軍衛青指揮公孫敖、公孫賀、趙信（編按趙信後來投降於匈奴，後文將會提及事情的始末）、蘇建、李廣、李沮等六將軍，率領十萬餘騎，由定襄北進數百里，殲滅匈奴軍數千人。

這一戰役，衛青的外甥、年僅十八歲的驃姚校尉霍去病，也率領八百精騎，初次參戰，在戰鬥中衝鋒陷陣，獲得殲敵二千餘人的輝煌戰果。接著全軍返回定襄、雲中、雁門，經過短期休整，又在四月裡再出定襄，擊殲匈奴軍萬餘人。迫使匈奴主力退卻漠北一帶，遠離漢境，這就爲漢武帝下一步實施河西之役並取勝提供了必要條件。

在以後的幾年裡，漢軍在河西（今甘肅省黃河以西祁連山峽谷地帶，也稱「河西走廊」）方面又取得了重大的進展，這就使得漢朝西部邊境的防禦有了保障，從而爲全面解除匈奴的侵犯創造了有利條件。

深入大漠　漠南無王庭

　　衛青最被人熟悉的戰例是漠北大決戰，可以說這是一場把他的智慧與勇氣發揮到極致的戰鬥，在戰鬥中不僅體現了他謹慎小心的作風，更體現了他在關鍵時刻超乎尋常的果敢。

　　面對種種不利條件，衛青制定了固守的戰略，以堅固的戰車防禦抵擋匈奴騎兵的衝擊。而當黃沙突起的時候，衛青卻展現了他少有的果斷一面，抓住稍縱即逝的戰機，命令主力部隊迅速進攻，在匈奴陣腳已亂的情況下發動突襲，終使得匈奴全軍潰敗。

　　漠北決戰殲滅匈奴軍三萬多人，俘獲匈奴數萬，取得了堪稱是漢匈戰爭決定性的勝利。從此，漢朝取得了對匈奴戰爭的主動權，匈奴則退縮在大沙漠以北，再也無力發動南侵。

▲漢朝兵士

進軍漠北，逐走單于

　　為了徹底擊潰匈奴主力，漢武帝一方面採取整理幣制，鹽鐵專賣，加重商稅等措施，以解決戰時的經濟困難；另一方面乘匈奴新敗勢孤的有利時機，集中兵力，深入打擊其主力。

　　元狩四年（前119）春，漢武帝召集諸將會議，宣佈進軍漠北的決策：「趙信為單于獻計，常以為漢兵不能度幕（沙漠）輕留，今大發士卒，其勢必得所欲。」他利用趙信的錯誤判斷，因勢利導，確定了集中兵力，深入漠北，殲滅匈奴主力的作戰指導方案。

　　隨即集中兵力，組成兩個大的騎兵集團，令衛青、霍去病各領騎兵五萬，

分為東西兩路，遠征漠北。衛青指揮的西路軍，以公孫賀為左將軍，趙食其為右將軍，李廣為前將軍，曹襄為後將軍，皆歸衛青指揮。

這次進軍是準備在沙漠地區與匈奴主力決戰，因而大量人馬的物資供應和軍需品的運輸補給，就成為一個重大問題。為此，漢武帝特別組織了隨軍運載私人行李的馬匹十四萬匹，並以步兵數十萬人，為大軍轉運輜重糧草，從而保障了這次深入作戰的需要。

西漢大軍原擬由定襄北進，並由霍去病專力對付單于。但在進軍途中，捕得匈奴俘虜，得知單于駐地所在，於是又改變計畫，命霍去病單獨率領一支人馬從代郡出擊，衛青仍按原計劃出定襄。衛青考慮到前將軍李廣年紀已高，就沒讓他擔任先鋒，而是與右將軍趙食其兩軍合併，從東面迂迴策應。

衛青自己率左將軍公孫賀、後將軍曹襄從正面進兵，直逼匈奴單于駐地。此時，匈奴方面趙信向伊稚斜單于建議：「漢軍不知道厲害，竟打算穿過沙漠。到時候，人困馬乏，我們以逸待勞，就可以俘虜他們。」於是下令所有的糧草輜重，再次向北轉移，而把精銳部隊埋伏在沙漠北邊。

衛青大軍北行一千多里，跨過大沙漠，與嚴陣以待的匈奴軍遭遇了。衛青臨危不懼，敏銳的識破了對手的用心，命令部隊用武剛車（鐵甲兵車）迅速環繞成一個堅固的陣地，然後派出五千騎兵向敵陣發起攻擊。匈奴也不敢大意，以一萬騎兵來迎擊，開始的時候雙方都很謹慎。

但匈奴的攻擊力習慣性的將戰鬥引入亂戰的局面，戰場呈現膠著狀態，此時戰局正悄然向有利於漢軍的方向發展。由於衛青事先構築了堅實的防線，匈奴的中線突擊沒能衝破漢軍的防線，隨著時間的延長，匈奴軍逐漸進入了漢軍所掌握的範圍，漢軍的中線部隊開始收縮，有意將匈奴引入己方。

戰鬥持續到了黃昏，突然狂風大作，飛沙走石，兩軍在沙漠中對面不相見，局面一度陷入混亂。衛青卻能處變不驚，敏銳的感知到反攻的時機到了，下令早已待命的兩翼騎兵部隊突進，對敵完成合圍。匈奴的軍隊在漢軍側翼的打擊下終於崩潰，單于看到漢軍人數眾多，士氣旺盛，知道無法取勝，慌忙騎上快馬，率領精壯騎兵數百人，向西北方向突圍逃去。

衛青發現單于逃走，立刻派出輕騎連夜追趕，匈奴人馬紛紛潰散。漢軍追趕了兩百多里，雖然沒有找到單于的蹤跡，卻俘虜匈奴官兵一萬九千人。衛青率領大軍一直挺進到寘顏山趙信城（今蒙古人民共和國境內）。匈奴兵已經逃空，城裡貯存了不少糧草。大軍在那裡停留了一天，衛青讓兵士們飽餐了一頓，把多餘的積糧燒了，然後奏凱而還。

《正說兩漢四百年》一本書中，對衛青在這次戰爭中的表現有比較全面而客觀的評價：在戰爭中，衛青突出的個人能力和沉著堅毅的指揮，給將士們極大的鼓舞，恰恰激發了士兵的作戰能力，從而彌補了兵力上的不足。衛青正面的拚殺為兩翼的迂迴包抄贏得了時間。匈奴潰敗時，衛青又乘勝追擊，向縱深發展，擴大戰果，並焚毀其糧庫，給予匈奴毀滅性的打擊。這是一次堪稱完美的決戰。

另一路驃騎將軍霍去病，率兵出代郡後，北進兩千餘里，渡過大沙漠，與左賢王的軍隊遭遇。在戰鬥中，俘獲了匈奴頓頭王、韓王以下七萬多人，活捉匈奴的相國、將軍、當戶、都尉等八十三人，左賢王及其將領棄軍逃走。

漠北戰役是漢匈間規模最大，戰場距中原最遠，也是最艱苦的一次戰役，漢軍打垮了匈奴的兩大戰略集團，共殲滅匈奴九萬多主力精銳。其中，衛青軍殲敵一萬九千餘人。經過此戰，匈奴元氣大傷。此後，逐漸向西北遷徙，出現了「漠南無王庭（編按 王庭，匈奴等異族君長上朝的地方）」，匈奴對漢朝的軍事威脅基本上解除了。此一戰在漢朝對匈奴的戰爭中起了決定性的作用。

直到元封五年（前106）衛青去世，雙方一直處於休戰狀態。衛青在抗擊匈奴進犯的戰爭中，前後七次率兵出塞，為漢朝立下了不可磨滅的戰功。此後，漢武帝除了獎賞兩路大軍的有功人員外，並加封衛青、霍去病為大司馬，衛青的尊榮在當時達到了登峰造極的程度。

胸懷廣闊　尚武精神

可以說，衛青是一位人品與才華具佳的將領，他性格謙和、禮賢下士、體恤士卒，從不居功自傲，因此很得部下的擁戴。這樣的將領在歷史上可謂稀少。也許這與他自小貧苦的出身有很大的關係。他去世後，漢武帝為他修築了林木茂密的陵墓，這也許正象徵了他謙謙君子的品格。

▲漢武帝像

治軍有方，大將風範

西元前106年，大司馬大將軍衛青去世，諡為烈侯。漢武帝命人在自己的茂陵（今陝西省興平縣境內）東邊特地為衛青修建了一座很像廬山（匈奴境內的一座山）的墳墓，以象徵衛青一生的赫赫戰功。

衛青雖然出身低微，但從小就嘗到戰爭帶來的苦難，經受了艱苦生活的磨煉，使他養成一種勇敢無畏的尚武精神。他不但武藝高強，體力過人，而且在長期實際的爭鬥中，學到了不少用兵作戰的軍事知識。在西漢的將領中，他可稱得上是一個出類拔萃的軍事家。他每次臨戰都身先士卒，為官兵樹立了不畏強敵、不怕犧牲的榜樣。他治軍有方、賞罰嚴明、人品出眾。

從那次衛青率六將軍出朔方、高闕擊匈奴獲得大勝後，堅辭不受漢武帝的格外施恩（編按此指漢武帝封衛青的三個兒子為侯那件事），就可以看出其人品的忠貞、正直。隨後他奏請皇帝對隨行有功的將校封侯賜爵，漢武帝批准了他的請求。

另一件事是發生在元朔六年（前123），右將軍蘇建隨衛青出擊匈奴。蘇

建所部與匈奴單于的軍隊相遇，激戰一日，全軍盡沒，蘇建隻身逃回。衛青問部下軍吏應如何處置蘇建，議郎周霸提出：「今建棄軍，可斬，以明將軍之威。」衛青沒有採納，認為：不應為樹立自己的威信而斬殺大將。即使蘇建當斬，也必須奏請天子裁決，做人臣的又怎可擅自專殺於境外？軍吏們聽了，都稱讚衛青的話有道理。

衛青在軍事戰術運用上更是精益求精。他經常能根據敵我雙方的具體情況，以己之長，擊敵之短。在幾次出擊匈奴的作戰中，由於漢軍長途跋涉，人馬困乏，而匈奴則是以逸待勞，在地理上佔有優勢，衛青看出了這一點，往往採取出其不意、攻其無備的速決戰術，一鼓作氣，打敗敵人。這在河南之戰中表現得最為突出。而在臨敵應變方面，衛青也表現出了他的智勇兼備，臨危不懼的大將風範。漠北之戰，就是一個典型的例子。

敬重賢才，謙讓仁和

據史書記載：「青仁，喜士退讓。」當時有一個大臣名叫汲黯，性情倨傲，好當面指責旁人的過失，不留情面。即使是皇帝有了錯誤，他也敢於直言進諫，無所顧忌，因此總是不得長久在位。這時衛青正權傾朝野，炙手可熱，而且他的姐姐又是皇后，一般大臣誰不慕而敬之。只有汲黯敢與衛青分庭抗禮。

有人勸汲黯說：「大將軍現在尊寵無比，群臣無不甘拜下風，您見大將軍不可不拜。」汲黯說：「以大將軍的身分地位，居然有只作揖不行跪拜禮的客人，不是更加重了他的聲望嗎？」衛青聽到汲黯的話，對他更加敬重，曾多次向他請教朝中軍國大事，對待汲黯遠遠勝過一般大臣。

當家奴出身的衛青變成了貴極人臣的大將軍時，朝中官員無不巴結奉承。這時，平陽公主寡居在家，要在列侯中選擇丈夫，許多人都說大將軍衛青合適，平陽公主笑著說：「他是我從前的下人，過去是我的隨從，怎麼能做我的丈夫呢？」左右說：「大將軍已今非昔比了，他現在是大將軍，姐姐是皇后，

富貴震天下，哪還有比他更配得上您的呢？」

　　漢武帝知道後，失笑道：「當初我娶了他的姐姐，現在他又娶我的姐姐，這倒是很有意思。」於是當即允婚。時遷事移，當年的僕人就這樣做了主人的丈夫。這樣一來，衛青與漢武帝親上加親，更受寵信。但衛青為人謙讓仁和，敬重賢才，從不以勢壓人。

　　正因為衛青既是文韜武略、智勇兼備，又能禮賢下士、嚴於律己，為維護漢朝的安定和統一而征戰一生，建立了不朽的功勳，所以才受到漢武帝的特殊禮遇，死後隨葬在漢武帝的茂陵之側，其墓形很像匈奴境內的廬山，象徵著他生前的赫赫戰功。

橫空出世，猛虎出押

驃騎大將軍霍去病

「出身仕漢羽林郎，初隨驃騎戰漁陽。孰知不向邊庭苦，縱死猶聞俠骨香。」

唐代詩人王維

「中天懸明月，令嚴夜寂寥。悲笳數聲動，壯士慘不驕。借問大將誰？恐是霍驃姚。」

唐代詩人杜甫

戰神檔案

姓名	霍去病	又字	子孟
年代	漢代	民族	漢族
出生	西元前140年	卒年	西元前117年
特點	善騎射　敢於深入		
相關人物	漢武帝　衛青　匈奴		
戰神身世	出身低下，由於其舅衛青的得寵，使其童年免於衛青的悲慘命運，在衛青的影響下，無論是思想還是能力都得到了足夠的儲備。		
主要事件	◆元朔六年（前123），十八歲霍去病率輕騎八百，進擊匈奴，殲敵兩千，被封為「冠軍侯」。 ◆元狩二年（前121），兩次擊敗匈奴控制河西，打通西域通道，被封為驃騎將軍。 ◆元狩四年（前119）與衛青共滅匈奴主力，封狼居胥山，使得匈奴不敢再於漠南建立王庭。		
傳世名言	匈奴未滅，無以家為也！		

少年英武　武帝賞識

「匈奴未滅，無以家為！」霍去病，一個遙遠的名字。他那已經模糊的身影，竟還擁有著依然滾燙的血性和悍勇。歷史、傳說，都已經鏽蝕斑斑，依然清晰的是霍去病的風骨和風華。「出身仕漢羽林郎，初隨驃騎戰漁陽。孰知不向邊庭苦，縱死猶聞俠骨香。」這首王維的〈少年行〉是對霍去病的崇敬。

▲漢朝將俑

不過，王維實際上更想表達的是當時長安少年的夢想，而霍去病無疑是這個夢想的實現者。少年將軍英姿勃發，在當時應該是許許多多少年男女的偶像，說起霍去病的少年更是可用「傳奇」加以注解。

幸降盛世，得以保全

霍去病出生在一個傳奇性的家庭。他的外祖母是平陽公主的侍婢，和平陽縣吏鄭季私通生下了他的舅舅，未來的漢朝大將軍衛青。而且這個侍婢衛媼還有幾個不知道父親是誰的孩子。史書上說他們都是冒姓衛氏，談到這裡，不得不說，對於當時開放的社會風氣及平陽公主家的寬容，後世的人其實應該感到慶幸的，因為兩位偉大的將軍和一位大漢的皇后都是這個侍婢的後代。要是在程朱理學佔上風的時代，別說出人頭地，就是這幾個人能不能活下來都還是一個問題。

霍去病的母親衛少兒是私生子，他本人也是一個私生子，他的生父叫霍仲孺，後來這位小吏不敢承認自己跟公主女奴的私通，於是霍去病只能以私生子

的身分降世。父親不敢承認的私生子，母親又是個女奴，看起來霍去病是永無出頭之日了，然而奇蹟在後來卻降臨在這個家庭。

霍去病生於漢武帝建元元年（前140），這一年正是漢武帝剛登基的年份，這時的朝廷正在實行建元新政，但是這一切卻好像離霍去病和他的家族很遙遠。他們一家子都生活在平陽公主的府中，姨媽衛子夫是府中歌女，舅舅是騎卒，也就是保鏢。

子夫得寵，命運改變

霍去病的命運基本上也會和舅舅一樣，是平陽侯的家奴。但是在他一歲時候的一件事，徹底改變了他們家族的命運，也改變了霍去病的命運，歷史上一位偉大的少年將軍出現了。

建元二年（前141），就是霍去病一歲的時候，朝廷上發生了一件大事。竇太皇太后把趙綰、王臧罷免，廢明堂，廢除了漢武帝的建元新政，讓許昌等人為三公，掌握朝政。漢武帝朝堂不能如意，家裡的情況也不好，漢武帝的皇后是大長公主劉嫖的女兒，按現在的標準來說她應該是一個典型的野蠻女友。

但是她偏偏嫁給了漢武帝，一個控制欲很強的男人，而且還是皇上，她的這種性格就註定了悲劇的發生。更致命的一個問題就是她有不孕症，在那個時代女子不孕，尤其是皇后不孕是天大的問題。因為皇后最重要的任務就是生下足夠健康的皇位繼承人，但是這位陳皇后花了大筆的金錢也無法達成這樣的目標，漢武帝心中的失望是必然的。

在事業和家庭都不順利的時候，他的心情必然要有一個宣洩。當他去祭祀並到平陽公主家歇腳的時候，看到了表演歌舞的衛子夫，就把她帶回宮中。但是此時衛氏家族的命運還沒有改變多少，漢武帝把衛子夫帶回宮中後好像就忘了她，再沒有見她。直到一年後，漢武帝要淘汰宮人，衛子夫哭著要求出宮。漢武帝才想起她，之後衛子夫有了身孕，才尊貴起來。

從此之後，衛家的命運徹底改變了。衛少兒改嫁詹事陳掌；少兒姊君孺

也改嫁太僕公孫賀；衛青做了太中大夫。也就是說衛少兒成了司局長的夫人，她的姐姐成了「副宰相」的妻子，弟弟成了侍郎。這時的霍去病應該只有三四歲，一下子從奴僕的後代成了顯赫人士的子弟，生活發生了巨大的改變。與此同時，恐怕沒有人想到被改變命運的不僅僅是衛青和霍去病，還有多年來漢匈之間的攻守易形。

舅舅破匈，成為偶像

說到匈奴，就不能不說當時的漢武帝。漢武帝劉徹是歷史上功略頗盛的帝王，而當時的漢王朝邊境卻不穩，時時遭受匈奴人的侵擾。作為遊牧民族的匈奴，幾乎把農耕為生的漢朝當成了自己予取予求的庫房，燒殺擄掠無所不為。

而長城內的國家卻從秦以來就無力從根本上改變這樣的局面，勝利的時候極少。更多的時候只能寄希望於和親以及大量的「陪嫁」財物來換取暫時的安寧。

但雄才大略的漢武帝希望改變這樣的形勢，而他很快就在身邊找到了和自己有志一同的人，他就是衛子夫的弟弟衛青。

這時衛家的地位一直在提升，先是在元光六年（前129），衛青官拜車騎將軍。他兵出上谷，直搗龍城，成為四路出塞軍隊中惟一獲勝的軍隊，以功封為關內侯。然後就是對於衛氏家族來說另一個重要的年份，元朔元年（前128）。

在這一年，先是霍去病的姨媽衛子夫生下皇子劉據，被封為皇后，走上當時女性的頂峰；然後是秋天舅舅衛青奉命率騎兵三萬人從雁門出擊，擊敗匈奴；之後在第二年衛青率領所部從雲中出擊，又經雲中郡至朔方郡（今內蒙河套以南伊克昭盟等地）向西掃蕩追擊，直至隴西郡（今甘肅西南部）。

這次漠南之役，衛青所部漢軍縱橫數千里，擊敗匈奴，趕跑白羊、樓煩兩王。遂以河南地為朔方郡，奪取了匈奴入侵中原的前哨鄂爾多斯草原。戰後，封衛青為長平侯，食邑三千八百戶。此時的衛家已經是身分尊貴，今非昔比了。

　　當時的霍去病正是處在一個擁有夢想的十二三歲的年齡。舅舅的巨大成功無疑對他是一種榜樣，也許正是這個時候，少年立下遠大的志向。馳馬北疆，這對於少年而言是一個並不遠的目標。

武帝青睞，登上「舞台」

　　又過了四年，到了元朔五年（前124），霍去病到十六七歲時，已是個相貌奇偉、性格堅毅、智勇過人的青年。漢武帝很賞識他，派他做保衛皇帝安全的侍中官。而他的舅舅車騎將軍衛青這一年率所部三萬餘騎從高闕出擊。

　　這次戰役大敗匈奴部眾，右賢王率領殘部數百騎遠遁。此戰之後漢武帝拜衛青為大將軍，後遷大司馬，成了大漢軍隊的實際總指揮。也正是在這一年，霍去病登上了歷史的舞台。

　　十八歲的霍去病，作為皇后和大將軍的侄子，應該是除了皇族子弟以外最受寵信的子弟了。他作為漢武帝的侍中，出入宮禁，侍從武帝，深受信任。他雖年少位尊，但精於騎射，為人少言寡語、膽氣內藏、敢作敢為。漢武帝想教他兵法，他卻答：「顧方略何如耳，不至學古兵法。」

　　但是少年的夢想一直還在他的心頭繚繞，因此他主動向漢武帝請戰。漢武帝出於對霍去病的喜愛或者說是希望少年成材，答應了他的請求。在元朔六年出擊匈奴的時候，讓霍去病上了戰場，一代少年英雄從此鷹擊長空，一段傳奇就此展開。

鷹擊長空　初露鋒芒

西元前123年，衛青將軍領軍發動漠南之戰。霍去病被武帝親點驃姚校尉，率領八百精騎。從戎首戰，霍校尉猶如初生牛犢，長驅直入數百里，突襲匈奴後方，斬殺匈奴二千餘人。俘獲匈奴相國、當戶，並生擒單于的叔父羅姑比，勇冠全軍，封為「冠軍侯」。

經此一役，冠軍侯霍去病不僅嶄露頭角，而且如猛虎出柙。他充滿新意的戰法、崇尚進攻的風格，昭示了漢匈戰爭即將進入戰略反擊階段。漢軍橫掃大漠，稱雄塞外的日子為期不遠了。一位年方十八的少年從此成為稱雄大漠的匈奴剋星。

封為驃姚，英姿出征

元朔六年（前123）漢武帝再次籌劃了一場大規模的對匈反擊戰（即歷史上著名的漠南之戰）。大將軍衛青從定襄出擊匈奴，接受武帝詔令，未滿十八歲的霍去病主動請纓，武帝遂封他為驃姚校尉隨軍出征，以所部壯士為其部屬。

作為大將軍的外甥和漢武帝的愛將，霍去病受到了很好的照顧。他本身就是羽林出身，羽林本身就是漢朝的精銳部隊，漢武帝時選隴西、天水、安定、北地、上郡、西河等六郡良家子宿衛建章宮，稱建章營騎。

後改名羽林騎，取其「如羽之疾，如林之多」的意思，屬光祿勳，為皇帝護衛，長官有羽林中郎將及羽林郎。上面說的六郡都是在邊地，民風彪悍，善於騎射。霍去病的八百驃騎應該就是這些精銳。

這一年出征匈奴一共有兩次，一次是在春天，以合騎侯公孫敖為中將軍，太僕公孫賀為左將軍，翕侯趙信為前將軍，衛尉蘇建為右將軍，郎中令李廣為後將軍，左內史李沮為強弩將軍，斬首超過千人。第二次是在秋天，衛青又率六將軍從定襄出擊，斬首萬餘人。但蘇建、趙信率所部三千餘騎逢匈奴單于所部大軍，接戰一日，漢軍寡不敵眾，死傷殆盡，趙信降匈奴。但是正是這一次的失敗，使一顆年輕的將星冉冉上升。

長途奔襲，制勝法寶

在這次戰役中，霍去病再三請戰，衛青便給了他八百騎兵。霍去病沒有任何實戰和指揮經驗，帶領他的八百驍騎勇士徑直拋開大軍幾百里，尋找有利的機會攻殺敵人。少年的心中沒有害怕，沒有惶恐，有的只是建功立業的雄心，以及不顧危險的豪邁。你可以說他是年輕，初生的牛犢不怕虎，但是正是這種豪邁使少年成功了。

在茫茫大漠裡奔馳數百里尋找敵人蹤跡，結果霍去病獨創的「長途奔襲」遭遇戰首戰告捷。他在匈奴的腹地襲擊了營地，殺死了匈奴相國和當戶，殺死單于祖父一輩的籍若侯產，活捉單于叔父羅姑比，斬首二千零二十八人。這樣的功勞在大軍失利的襯托下更加耀眼，大喜過望的漢武帝立即將他封為「冠軍侯」，讚嘆他的勇冠三軍。

在這次戰役中投降匈奴的趙信，獻計讓單于遠走漠北，等漢軍遠征疲憊而擊破之。單于聽從他的計策，遠走漠北。所以兩年內在漢朝的東北方沒有什麼戰役。但是在漢朝的西北，卻出了一位能征善戰的少帥——霍去病。

此戰，霍去病年輕、驍勇，沒有經驗，能一戰封侯確實有運氣的成分。八百驍騎雖然悍勇，但大漠中敵我不明，極可能遭遇匈奴主力，被聚而殲之、血本無歸（漢匈戰爭中這樣的例子屢見不鮮，蘇建等都有這樣的經歷，趙信也是在寡不敵眾、部下將盡的情況下歸附匈奴的）。

霍去病出發時並沒有明確目標，基本是尋敵決鬥，長途奔襲。打的是遭遇戰、突襲戰，勇則勇矣，實在是險到了極點。也許是天賜名將，戰爭要催生這樣的一代名將，於是送了他一個大勝利。

此戰對霍去病和整個漢軍來說都是意義重大，那就是長途奔襲戰術小試鋒芒便顯示其巨大的威力。從此以後，輕裝簡從、長途奔襲的戰略思想成為霍去病的主要對敵戰術，並在以後的戰役中屢試不爽，成為克敵制勝的不二法門。年輕的將軍霍去病又將掀起一次次的進攻浪潮。

兩戰河西　大局初定

河西因位於黃河以西，故稱河西，又稱河西走廊。河南、漠南戰役後，匈奴在大漠以南的廣大地區僅剩左賢王及河西匈奴軍隊。西元前121年3月，漢廷令驃騎將軍霍去病率騎兵萬人進擊匈奴。

漢匈河西之戰最終以漢軍的完勝而告終，漢王朝完全控制了河西地區。從此，漢王朝打通了通往西域的道路，實現了「斷匈奴右臂」的戰略目標。為以後進一步大規模反擊匈奴提供了可能。之後，漢朝根據當地習俗分設五屬國，後來又設立武威、張掖、酒泉、敦煌四郡，加強了對該地的控制。河西之戰是霍去病真正成長為優秀的軍事統帥，並形成自己軍中班底的定山之戰。

檢驗能力，重點培養

首戰令霍去病脫穎而出，也使他在以後的重要軍事行動中成為漢武帝用將的首選人物。在這裡與其說霍去病喜歡冒險，不如說漢武帝本人更喜歡冒險。據現在推測，漢武帝的這次河西之征任用剛滿二十歲的霍去病為主帥單獨統兵一萬進擊河西，多少有些試探的成分，也就是讓霍去病去放手一搏，碰碰運氣。

漢武帝的另一個目的應該是檢驗一下霍去病的大兵團作戰能力，因為他急於打破雙方各佔勝場的膠著狀態，渴望均勢的突破。放眼朝中諸將，最能貫徹他戰略意圖的恐怕就是這個天賦極高而尚缺火候的冠軍侯了。

元狩二年（前121）春，漢武帝封霍去病為驃騎將軍，品級與大將軍相等。他率領精騎一萬人，從隴西（今甘肅省臨洮縣）出發，攻打匈奴。霍去病果然不負眾望，長驅直入，勢如破竹。這也正是漢武帝希望看到的正規大兵團作戰的實例。希望霍去病在這裡能鍛煉出自己的軍事才能。

結果霍去病大獲全勝，一掃過去與匈奴戰爭的頹勢，取得空前的成功。霍

去病終於有機會完全按自己的戰術思想，單獨指揮一支勁旅，打一場漂亮的戰爭，在他之前恐怕沒有哪一次戰役、哪一個將領能以這樣大的兵團打這樣大的迂迴戰。

霍去病六天中轉戰五國，長驅直入。他集中優勢兵力在連連攻破河西的五個部落後，避開渾邪、休屠二王的正面防禦工事，悄悄沿焉支山（今甘肅省山丹縣東南）東急馳一千多里至皋蘭山（今甘肅省蘭州市南），合短兵與盧侯、折蘭二王鏖戰于皋蘭山下。

霍去病用兵靈活、隨機應變、避實就虛、軍無定式，不按常理出牌。在戰爭中屢出重拳，閃擊制勝，打得匈奴人暈頭轉向，摸不著頭緒。對於其神出鬼沒的戰爭模式，匈奴人很不能適應，完全陷入被動挨打的局面。

而皋蘭山一役則是雙方真正的血與火的較量，生與死的拚殺。霍去病揮師東進，在皋蘭山與以逸待勞的盧侯、折蘭二王主力接戰，是一場真正的正面戰、攻堅戰。此戰霍去病部毫無取巧之機，相反以少打多、以疲打逸，戰鬥打得異常殘酷。

雖然最後力斬盧侯、折蘭二王，取得了戰鬥的勝利，但己方也損失慘重，一萬人的隊伍，最後回師時不足三千。可以想見當時戰鬥的慘烈程度，但霍去病頂住了對手反撲的兇猛氣焰，以視死如歸的大無畏精神和血戰到底的決心帶領全軍前赴後繼、奮勇拚殺，真正當得起其冠軍侯的稱號。

認清實力，建立軍威

經此一役，漢軍內部真正認識了自己的實力，而匈奴也算是真正領教了漢軍的悍勇。漢軍打出了信心，打出了威風，此後不再懼怕以少打多。雖然損失慘重，但經過這次血的洗禮的倖存者會成為抗匈的中堅力量。對於那些在生死邊緣走過一遭又回來的勇士來說，應該已經沒有什麼能令他們害怕的了。

霍去病的軍隊從此樹立起頑強、勇猛、奮不顧身的軍風軍威；並形成了進攻、進攻、再進攻，哪怕流盡最後一滴血，戰至最後一兵一卒也絕不後退半步

的強悍風格。而霍去病經過此次戰役也奠定了其當朝第一勇將的地位，並且在軍中以無可爭議的事實樹立起威信。至此，屬下誠服，眾人欽佩，對於其統兵的能力已無可置疑。

除了霍去病感到高興外，另一個感到高興的當屬漢武帝了，因為這是一場他久盼的勝利。他要用鐵的事實告訴那些保守的大臣們，主動出擊，深入敵後，徹底擊潰匈奴，將他們趕出大漠才能永久解決漢匈邊關之爭。他感到完成其鴻圖大業的目標很快就能實現了。

至此朝中保守的、反戰的、主和的、冷眼旁觀的諸口皆閉，無人再敢說三道四，長途奔襲戰略獲得普遍認同。霍去病也成為漢軍中的一代軍人楷模、尚武精神的化身。

再戰河西，班底形成

在這次戰役後不久，就是在這年的夏天，驃騎將軍又一次領軍出征。這次進攻中沒有衛青的身影，又是四將軍出塞，彷彿是元光六年的翻版。估計漢武帝是希望霍去病在這次出征中和他的舅舅衛青一樣，能建立功勳，在軍中樹立起權威。

這次出塞的四位將軍是驃騎將軍霍去病與合騎侯公孫敖都從北地出兵，分道進軍；博望侯張騫、郎中令李廣都從右北平出兵，分道進軍；在東北漢武帝出動了一萬四千人，由李廣和張騫率領。從漢武帝的意圖來看，這次東北的作戰是一次戰略牽制，是為了西北的出擊，目的是全力打擊匈奴在西北的右賢王集團，以達到通西域的戰略目的。

令人哭笑不得的是，配合作戰的公孫敖等常跑大漠的「老馬」還不如兩年前的長安公子霍去病，居然在大漠中迷了路，沒有起到應有的助攻作用。而老將李廣所部則被匈奴左賢王包圍。霍去病遂再次孤軍深入，並再次大勝。就在祁連山，霍去病所部斬敵三萬餘人，俘虜匈奴王爺五人以及匈奴大小瘀氏、匈奴王子五十九人、相國將軍當戶都尉共計六十三人。

65

經此一役，匈奴不得不退到焉支山北，漢王朝收復了河西平原。曾經在漢王朝頭上爲所欲爲、使漢朝人家破人亡無數的匈奴終於也唱出了哀歌：「亡我祁連山，使我六畜不蕃息；失我燕支山，使我婦女無顏色。」從此，漢軍軍威大振，而十九歲的霍去病更成了令匈奴人聞風喪膽的戰神。

另外，經過這場戰役，霍去病的指揮能力大增，並逐漸成長爲優秀的軍事統帥。這時的霍去病對統兵已變得駕輕就熟，判斷、分析、決斷，調兵遣將、排兵佈陣、出擊時機的拿捏等已臻成熟。更重要的是霍去病的部下有趙破奴、高不識、僕多三人封侯；隨霍去病到達小月氏的校尉們也都被封爲左庶長的爵位。這樣，霍去病在軍中的班底開始形成。

單騎千里　大破匈奴

關於河西受降的順利結束，今人只能用敬仰的心努力想像——那個局勢迷離、危機四伏的時候，那位剛滿二十歲的少年竟能站在敵人的營帳裡，僅僅用一個表情一個手勢就將帳外四萬兵卒、八千亂兵制服。漢王朝的版圖上，從此多了武威、張掖、酒泉、敦煌四郡。河西走廊正式併入漢王朝。

這是歷史上第一次面對外虜的受降，不但令長期飽受匈奴侵擾之苦的漢朝人揚眉吐氣，更從此使漢朝人有了身爲強者的信心。霍去病一生征戰，處處行險，但險中之最險的恐怕要算這一次，心理戰尤勝於真正的交戰，霍去病控制大局的能力和臨危不懼的膽色，千載之後仍令人嘆服。

▲馬踏匈奴

黃河招降，獨破亂軍

真正使霍去病有如天神的事件是「河西受降」，發生的時間在秋天。

元狩二年（前121）是一個多事之年，在這年秋天又發生了令人拍案叫絕的事情。兩場河西大戰後，匈奴的單于由於西方的渾邪王屢次被驃騎將軍率領的漢軍打敗，損失幾萬人而大怒，想召來渾邪王，把他殺死。估計是消息不機密，所以被渾邪王知道了，於是渾邪王和休屠王等想投降漢朝。

漢武帝不知匈奴二王投降的真假，遂派霍去病前往黃河邊受降。對於渾邪、休屠二王來說，要面對這樣一個對他們來說如同惡夢般人物的接降漢使，實在有些尷尬和恐怖。

霍去病領兵一萬，渡過黃河與渾邪眾相望。這時渾邪王部隊中的副將們看到漢朝軍隊，又聽說是霍去病領兵的部隊，軍威凜凜的霍軍大概是讓這批新遭重創的匈奴人又一次想起了霍去病軍刀的滋味，再加上本來對投降漢朝沒什麼想法，於是很多人就開始逃跑。

這時霍去病的氣勢表現了出來。一般的情況下，當時匈奴人一片混亂、情況不明，霍去病完全可以任由匈奴人自行內亂，不必自己冒險到一堆亂了陣腳的匈奴人中去犯險。因為被匈奴亂兵殺死或俘虜的機率很大，而霍去病竟然大膽地衝入匈奴軍中，且在不傷己方一人的情況下制服眾多的匈奴亂兵。一場一觸即發的兵亂，也因而消於無形。

凱旋長安，美酒飄香

也許我們永遠也猜想不出當時的渾邪王心裡都在想些什麼。那一刻他完全有機會把霍去病扣為人質或殺之報仇，只要他這樣做了，單于不但不會殺他反而要獎賞他，且漢朝失了此人，匈奴也許永無禍患，但渾邪王卻始終沒有冒險一擊。

霍去病的氣勢不但鎮住了渾邪王，同時也鎮住了四萬多名匈奴人，他們最終沒有將亂事繼續擴大。少年英雄的膽識可見一斑，他當時應該是像戰神一樣

威武，這個形象刻在了匈奴人的心中，也刻在了歷史的畫卷上。

在制伏匈奴亂軍之後，霍去病命渾邪王一個人乘著傳車，先到皇帝的行在所，然後由他領著渾邪王的全部軍隊渡過黃河，投降者有幾萬人，號稱十萬。他們到達長安後，天子用來賞賜的錢就有幾十萬。並劃定一萬戶封渾邪王爲漯陰侯。

從此，河西走廊成爲漢朝的領土，不久漢朝在河西地區設立了武威、張掖、酒泉、敦煌四郡，漢與西域之間的交通，從此暢通無阻。不僅如此，在這次河西戰役之後，漢朝在西北方向的壓力大減。減少了隴西、北地、上郡戍守之兵的一半，從此漢朝擺脫了兩線作戰的形勢，可以專一對付東北的匈奴左賢王部和單于本部。

在這次戰役後，還有一個關於霍去病的傳說流傳了下來，霍去病在河西立下大功，漢武帝特派使臣載了美酒到前線去慰問他。霍去病對使臣說：「謝謝皇上的獎賞。但重創匈奴不是我一人的功勞，功勞歸於全體將士。」

於是，霍去病下令將御賜美酒抬出犒勞部下。但酒少人多，怎麼辦？霍去病吩咐手下，將兩罈美酒倒入營帳所在的山泉中，整個山谷頓時酒香彌漫，全體將士紛紛暢飲摻酒的山泉，歡聲雷動，這就是「酒泉」的來歷。

不管這是傳說還是史實，千年之後我們讀到這個故事，還是會有一種蕩氣迴腸的感覺，一位英勇卻浪漫的少年將軍形象在我們面前栩栩如生。

進軍漠北　搗毀王庭

元狩四年（前119），漢武帝為徹底消滅匈奴主力，調集十萬騎兵，隨軍戰馬十四萬匹，步兵輜重幾十萬人，由衛青和霍去病各領五萬騎兵，分東西兩路向漠北進軍。霍去病貫徹武帝的北逐匈奴方針可謂徹底。

漢武一朝，經此戰之後，兵威之盛，一時無敵。至此「匈奴遠遁，漠南無王庭」。這個馬背上的強悍民族終於在強大西漢王朝的

傾力打擊下，在霍去病等不世名將的鐵血征伐下引馬而去，不窺陰山。

巔峰之作，盛世稱雄

河西戰役結束後，霍去病又被漢武帝封賞，劃定一千七百戶增封驃騎將軍。這位少年將軍只休息了一年多，又一場戰役在等待著他，這就是赫赫有名的「漠北戰役」。西元前120年，轉移漠北的匈奴又派騎兵數萬人攻入右北平、定襄，殺掠吏民數千，並企圖引誘漢軍北進，予以殲滅。

元狩四年（前119），為了徹底消滅匈奴主力，漢武帝發起了規模空前的「漠北大戰」。這時的霍去病，已經毫無爭議地成為了漢軍的王牌。漢武帝對霍去病的能力無比信任，由衛青和霍去病各領五萬騎兵，分東西兩路向漠北進軍。為了解決糧草供應問題，漢武帝又動員了四萬多私人馬匹，步兵十餘萬負責運輸糧草輜重。

關於這個漠北之戰自古以來評說紛紜，原因是這裡面發生的故事頗多。其實，漢廷本來是以霍軍決戰單于的，卻因情報錯誤，致使精心安排的對局，陰錯陽差地變成衛青對上了單于，霍去病卻只好拿相對較弱的左賢王部出氣。然而這場大戰完全可以說是霍去病的巔峰之作。

霍去病率軍出代郡和右北平，充分發揮騎兵的機動作戰能力，穿越大漠，北進轉戰二千餘里，越過離侯山，渡過弓閭河，轉而攻擊匈奴左賢王戰略集團，與匈奴左賢王的強大騎兵集團在此展開了驚心動魄的殊死決戰。「獨孤求敗」的霍去病一路追殺，經過激戰，漢軍大獲全勝，斬敵七萬餘人，俘獲匈奴屯頭王、韓王等，將軍、相國、當戶、都尉等八十三人，左賢王戰敗逃走。

此戰，徹底打垮了左賢王戰略集團，是繼消滅右賢王戰略集團和同期衛青打垮單于戰略集團的又一決定性勝利。漢軍乘勝追至狼居胥山（今蒙古肯特山），就在這裡，霍去病暫作停頓，率大軍進行了祭天地的典禮——祭天封禮於狼居胥山舉行，祭地禪禮於姑衍山舉行。這是一個儀式，也是一種決心。

封狼居胥之後，霍去病繼續率軍深入追擊匈奴，一直打到翰海（今俄羅斯貝加爾湖），方才回兵。從長安出發，一直奔襲至貝加爾湖，在一個幾乎完全陌生的環境裡沿路大勝，這是怎樣的成就！

乾坤之戰，相安百年

經此一役，匈奴的三大戰略集團都被打垮，沒有能力再和漢朝進行大規模的作戰，漠南從此無匈奴王庭。解除了西漢初年以來匈奴對漢王朝的威脅。自此至宋代數百年間，中華邊界幾乎無大戰。

這次戰役過後，漢武帝又劃定五千八百戶增封驃騎將軍。和霍去病一起出兵的將領都得到了封賞，右北平太守路博多隸屬於驃騎將軍，與驃騎將軍在與城會師，沒有錯過日期，跟隨驃騎將軍到達檮余山，俘虜和斬殺匈奴二千七百人，劃定一千六百戶封路博多為符離侯。北地都尉邢山隨驃騎將軍捕獲匈奴小王，劃定一千二百戶封邢山為義陽侯。從驃侯趙破奴、昌武侯趙安稽都跟隨驃騎將軍打匈奴有功，各增封三百戶。校尉李敢奪取了敵軍的軍旗戰鼓，封為關內侯，賜食邑二百戶。校尉徐自為被授予大庶長的爵位。另外驃騎將軍霍去病屬下的小吏士卒當官和受賞的人很多。此時，霍去病在軍中的勢力大長，已經和他的舅舅並駕齊驅了，大將軍和驃騎將軍都當了大司馬。而且定下法令，驃騎將軍的官階和俸祿同大將軍相等。

此戰，霍去病可謂戰功彪炳，登峰造極，惟一的遺憾是由於情報有誤，錯失單于而抱憾終生。曾經有不少關於兩強相遇的假設，也有人提出若真的遇上單于大軍，霍軍是否一定取勝。這種懷疑是多餘的，以當時霍軍裝備之精良、戰鬥力之強大，霍去病對戰爭那種與生俱來的敏銳和得心應手，以及其在軍中無與倫比的權威和掌控能力，霍軍取勝當不成問題。

當然了，霍去病沒碰上單于，他的心裡應很鬱悶，所以一路追殺左賢王到天邊也是他的一種發洩吧。這次漠北戰役雖然是霍去病生命中的頂峰，但也是少年將軍的最後絕唱，一代戰神的傳奇在這裡畫上一個句號。霍去病和他的「封狼居胥」，從此成為歷代兵家人生的最高追求，終生奮鬥的夢想。

而這一年的霍去病，年僅二十二歲。

爲破匈奴而生的鬥士

「嚴風吹霜海草凋，筋幹精堅胡馬驕。漢家戰士三十萬，將軍兼領霍驃姚。流星白羽腰間插，劍花秋蓮光出匣。天兵照雪下玉關，虜箭如沙射金甲。雲龍風虎盡交迴，太白入月敵可摧。敵可摧，旄頭滅，履胡之腸涉胡血。懸胡青天上，埋胡紫塞傍。胡無人，漢道昌。」李白這一首〈胡無人〉，讓人於千載之後猶能想像出霍驃姚的虎虎生氣。連他墓前那石雕的駿馬，也以其內蘊神韻的博大氣魄而彪炳青史於不朽。「霍驃姚」已成了英勇果敢、一往無前的代名詞。這是一種境界，更是一種超越。人生如此，夫復何求？

匈奴未滅，無以家爲

在完成了「漠北大戰」的功勳之後，霍去病也登上了他人生的頂峰——大將軍大司馬。然而僅僅過了兩年，元狩六年（前117），二十四歲的大將軍霍去病英年早逝。

漢武帝對霍去病的死非常悲傷。他調來鐵甲軍，列成陣沿長安一直排到茂陵霍去病墓地。他還下令將霍去病的墳墓修成祁連山的模樣，彰顯他力克匈奴的奇功並封霍去病爲景桓侯。

從霍去病去世以後，漢武帝再沒有發動對匈奴的大規模戰略作戰，少年將軍好像把漢武帝一代對匈奴的仗都打完了，像一位演員，完成了他在歷史舞台上的表演，從此不再出現。但是他永遠以冷峻、傲岸、強悍的少年姿態留存於千古的記憶之中。

「匈奴未滅，無以家爲！」兩千多年來，這一直是歷史上愛國將領表達捨家爲國的赤膽忠心時，經常引用的一句名言。而最先說出這句名言的人，就是西漢著名的將領霍去病。霍去病短短二十四年的一生中，多次出塞征戰，是一

位沒有敗績的軍事天才。爲西漢取得抗擊匈奴的最終勝利，立下汗馬功勞。

某種意義上，他可以說是「閃電戰」的創造者，匈奴人對其敬畏之極，稱其爲「蒼狼」，他們在被驅趕出華夏大地之時，也將霍去病的名字傳播到歐洲。中華有眾多優秀的軍事家，然而在英國人編寫的《世界著名軍事家》裡邊，僅有兩人入選，霍去病便是其中一位。

外國人看華人，或不免有所偏頗，但這也從側面反映出霍去病的軍事影響力之大。古代傑出的軍事家，基本是內戰的行家，朝代更迭的幫手。很少像霍去病一樣，爲民族的生存和領土的拓展，付出了一生。

忠孝兩全，絕世風采

霍去病生爲奴子，長於綺羅，卻從來不曾沉溺於富貴豪華，他將國家安危和建功立業放在一切之前。一次，漢武帝爲了獎勵他，特意命人爲他建造了一座府第。完工後，漢武帝讓他去看看滿意與否，誰知霍去病不但沒有感激不盡，卻義正詞嚴地拒絕了。

他對武帝言說：「匈奴未滅，無以家爲也！」短短九個字，斬釘截鐵、擲地有聲，充滿了爲國捨家的耿耿忠心和豪邁慷慨的英雄氣概。不僅武帝當時聽了，大受感動，這震撼人心的九個字，也刻在歷朝歷代保家衛國將士們的心裡。就是在二千年後的今天，也仍能讓人熱血沸騰。而霍去病也成了愛國將領的表徵，受到歷代人們的推崇。

霍去病對於其生父霍仲孺的態度，其表現也讓我們大爲讚嘆。霍仲孺當初不願做胎中霍去病的父親，衛少兒也就從來不曾告訴過他自己的身世。當他立下不世功勳之後，他終於知道了前因後果。

就在他成爲驃騎將軍之後，他來到了平陽（山西臨汾），向當年拋棄了自己的父親霍仲孺下跪道：「去病早先不知道自己是大人之子，沒有盡孝。」霍仲孺愧不敢應，回答說：「老臣得托將軍，此天力也。」隨後，霍去病爲從未盡過一天父親之責的霍仲孺置辦田宅，並將後母之子霍光帶到長安栽培成材。

霍去病的一生，是昂揚激進、高速行駛的一生，雖只有短短的二十四載，但就像他那句千載之後仍熠熠生輝的名句「匈奴未滅，無以家為」一樣，這個早逝的英雄，將永遠矗立在歷史當中。

千載之後，世人仍然遙想少年大將軍霍去病的絕世風采，為他的精神和智勇而傾倒，為他那不戀奢華保家衛國的壯志而熱血沸騰。

「中天懸明月，令嚴夜寂寥。悲笳數聲動，壯士慘不驕。借問大將誰？恐是霍驃姚。」讀杜甫這首〈後出塞〉，不禁讓我們想起這樣一個景象：廣闊的北方大漠靜寂如磐，殘月如鉤，奔襲千里的騎士和駿馬已汗濕全身，直透重鎧。人和馬呼出的熱氣轉眼凝成霜花飄落在馬頭，人面泛出片片銀白，旌旗半捲，猶散發著烽煙氣息，將士們警覺的眼睛和矛戈在曙色熹微中光點閃閃。跨坐在西域汗血寶馬上的霍去病面容沉毅……現在，只要大將軍揚眉劍出鞘，這些嚴陣以待的數萬鐵騎就會如怒海驚濤，長驅千里勢不可當……

盡忠報國，碧血丹心

常勝將軍岳飛

「怒髮衝冠，憑欄處，瀟瀟雨歇。抬望眼，仰天長嘯，壯懷激烈。三十功名塵與土，八千里路雲和月。莫等閒、白了少年頭，空悲切。靖康恥，猶未雪；臣子恨，何時滅？駕長車，踏破賀蘭山缺。壯志饑餐胡虜肉，笑談渴飲匈奴血。待從頭、收拾舊山河，朝天闕。」

岳飛〈滿江紅〉

戰神檔案

姓名	岳飛	又字	鵬舉
年代	南宋	民族	漢族
出生	西元1103年	卒年	西元1142年

特點	治軍嚴明　用兵靈活
相關人物	宋高宗　趙構　秦檜　金人
戰神身世	有「金鵬轉世降英雄」之傳說。從小命運坎坷，後師從周侗練就一身蓋世武藝。
主要事件	◆從軍出行前，岳母在其背刺「盡忠報國」四字。 ◆建炎四年（1130），岳飛大敗金兵於牛頭山，恢復建康，十二月，岳飛移兵屯於江陰，金兵望岳軍興嘆，不敢渡江。 ◆紹興十年（1140）岳飛揮師北伐，在郾城大敗金兵，並取得了著名的朱仙鎮大捷。完顏宗弼不禁長嘆：「撼山易，撼岳家軍難！」
傳世名言	只要文官不愛錢，武將不怕死，則天眞安矣！

金鵬轉世　英雄誕生

古人云：「天下安，注意相；天下危，注意將。」然而在命運多舛的南宋，一批英勇善戰的將軍應運而生，其中最為後人熟知的便是常勝將軍岳飛。「大鵬轉世降英雄」是後人對英雄出世的美好傳說；命運坎坷，生活艱辛是英雄岳飛磨煉意志的最好環境；天資聰慧、勤學苦練，並師從周侗、陳廣等武術名家，這也是英雄獲得一身蓋世武藝的條件。

▲岳飛像

然而時局的動盪不安和南宋朝廷的屈膝投降使英雄再也不能沉默，他悲憤的意識到國家生死存亡的時刻已經到來，他必須立即投入到抗敵的前線。於是，在母親「盡忠報國」的刺字下（編按民間說法多作「精忠報國」，此處依《宋史·岳飛列傳》所記載），英雄岳飛從容的走上了救國之路。

大鵬轉世，年少英雄

大鵬轉世，岳飛降生的故事由來已久了。宋徽宗崇寧二年（1103）岳飛出生在相州湯陰（今河南湯陰）的一個農家裡，據說岳飛出世那天，他那響亮的啼聲驚醒了一隻停在他家茅屋上的大鳥，大鳥張起雙翼，在天空中飛鳴起來。父親岳和便替兒子取名為「飛」，字「鵬舉」。希望兒子將來前程萬里，遠舉高飛。

因為英雄的氣魄，所以英雄的誕生往往會被後人演繹為驚天動地之勢，然而英雄之所以成為英雄，定會有他與眾不同之處。不凡的童年經歷往往會對英

雄的一生產生巨大的影響，甚至可能是促使他成為英雄的重要因素。

岳飛也有著他曲折的童年生活。岳飛出世還沒滿月，就遇到黃河決口，洪水淹沒了整個湯陰縣。岳飛一家隨鄉親驚惶奔逃。這時岳和又走散了，在大水就要吞沒岳飛母子時，岳飛的母親姚氏急中生智，連忙抱著岳飛跳進一口大瓦缸裡，順水漂到岸邊，才給人們救起，一家人又得團聚。

岳飛家境貧窮，自幼便幫父母做些農活。雖然上不起學，但他卻很愛讀書寫字，母親姚氏便在地上，用樹枝教他寫字，還經常講古代英雄豪傑的故事給他聽。岳飛天資穎悟，少年時便有志氣節操，性格樸實敦厚。岳家生活雖然困苦，但卻影響不了岳飛對書本的喜愛。他白天在田間辛苦勞動，晚上就努力讀書，一直讀到深夜。他從小就對兵書有特別的喜愛。他喜歡讀《春秋左氏傳》及孫、吳兵法，對用兵打仗有濃厚的興趣。

岳飛本身的身體素質也是非常出眾的。他天生有神力，能拉三百斤的硬弓，八石的強弩。十一歲時，外祖父就帶他到縣裡著名的刀槍手陳廣處學槍法。然而還有一位岳飛的師傅在這裡是不能不提的，那就是當時聞名天下的武俠周侗。

一天，據說少年時期的岳飛來到了附近的麒麟村，曾在那裡拜一位當時聞名天下的武俠為師學習武藝，這位師傅名叫周侗，相傳他也是梁山好漢魯智深與武松的師傅。

周侗老人見岳飛年少有志，勤奮刻苦，便把一輩子掌握的精湛武藝，全教給了岳飛，還把自己最心愛的一支勁弓送給了岳飛。岳飛在他的精心指導下，能左右開弓，百發百中。如今，岳飛和周侗早已成為了麒麟村的傳奇，儘管人們無法獲知岳飛當年習武的詳情，但就是在周侗的言傳身教過程中，使少年岳飛練就了他日後沙場拚殺的過人身手。

國家危亡，慷慨從戎

就在岳飛武藝日漸成熟的時候，一場重大的危機向北宋王朝襲來。當時，

金軍取代遼國，成為北方新的霸主，這個充滿征戰之氣的王國，正對北宋王朝虎視眈眈。他們積蓄力量，窺測時機，打算一舉吞併大宋江山。

這個時候，北宋皇帝宋徽宗正在開封沉湎於詩詞歌賦與歌舞昇平之中。面對北方日益嚴重的危險，他不僅沒有迎擊的勇氣，甚至就根本無視這種威脅。金軍看透了北宋王朝的軟弱，終於向宋徽宗下了戰書。

面對危局，宋徽宗不僅沒有採取應對方略，反而在驚恐中將皇位傳給兒子，子繼父位的欽宗將年號定為靖康。西元1127年初，也就是靖康二年，正當宋欽宗對是戰是和舉棋不定之時，金軍攻陷了開封，宋徽宗、宋欽宗兩個皇帝及皇室成員三千餘人，全部成為金國的俘虜，朝廷徹底癱瘓了。北宋民眾把這個事件看作是民族的奇恥大辱，歷史上稱它為「靖康之恥」。

「國恥」的消息傳到湯陰，岳飛和他的家人不禁悲憤滿腔。他意識到國家的生死存亡之際到來了，他必須立即投入到抗金前線。兒子就要遠赴疆場了，母親給了他一份叮嚀一個囑託，這就是老人親手刺在岳飛後背的四個大字「盡忠報國」。從此這四個字就成為一個偉大的召喚，它時時激勵著岳飛。帶著母親的叮嚀，岳飛離開了家鄉，從此他再也沒能回去。

靖康事變之後，當時宋朝嫡親宗室中，只有在河北組織兵馬的康王趙構和哲宗的廢后孟氏倖免於難。同年五月，趙構在南京應天府（今河南商丘）即位，改元建炎，這個重建的小朝廷，後來被稱為南宋，趙構就是宋高宗。

新登帝位的宋高宗趙構，並沒有一血國恥收復失地的意圖。他是南宋初期投降派的首領，面對強敵，他竭力避戰，他同其父兄一樣懼怕與金朝打仗。幻想一味的妥協能夠換取金兵的停戰，並以此求得小朝廷的平安。趙構所信用的汪伯彥、黃潛善二人，也都是些主張逃跑和屈膝投降的人。

為了籠絡人心，他曾一度起用因組織開封保衛戰而聲望很高的李綱擔任宰相。不久就因李綱堅決主戰，不符合他苟安議和的意願，只讓李綱擔任了七十五天的宰相，就罷了李綱的官。趙構聽說金朝以傀儡張邦昌被廢為藉口，再次南侵已抵達河陽，也不問消息是否確實，立即準備南逃。

十月從南京逃到揚州。十二月金朝派完顏宗輔、完顏宗翰、完顏宗弼等大

將分兵三路南下。完顏宗輔率東路金軍自滄州渡河，進攻山東；完顏宗翰率中路金軍自河陽渡河，直攻河南；西路金軍進攻陝西。建炎三年（1129）二月，金軍奔襲揚州，宋高宗倉惶出逃，經鎮江府到杭州。

就連金大將完顏宗弼在吉安至臨安經獨松嶺時也感慨道：「南朝果無人矣，此處若只有老弱殘兵數百，我軍亦難過也。」九月金兵渡江南侵，趙構又率臣僚南逃，自明州到定海，漂泊海上。直到建炎四年夏，金軍撤離江南後，他才又回到臨安府，後將臨安府定為南宋的都城。

面對金朝的入侵，雖然南宋最高統治者奉行屈膝投降的政策，但是宋朝各地人民紛紛奮起抗擊金軍的殘暴擄掠，而宋廷內部的主戰將士亦活躍在抗金的最前線。岳飛就是南宋初期抗金的一面旗幟。

連戰連勝　還我河山

當飄搖的大宋江山就要傾倒之際，岳飛以熱切的愛國之心投入到拯救國家的抗金戰爭中，英雄憑藉自己過人的膽識和超常的智慧擔負起挑大宋之樑的重任。讓金兵重新領略到了久違的抵抗，甚至是毀滅性的打擊。岳飛的出現讓他們破滅了迅速佔領江南的企圖，更讓他們感到了征戰前途的黯淡。而這對於昏庸的高宗來說就像抓住了一根救命稻草，從漂泊的海上又爬回了久違的陸地。

▲還我河山

高宗即位，初露鋒芒

靖康元年（1126），金軍攻汴京，朝廷風雨飄搖，欽宗弟趙構以「天下兵馬大元帥」名義招募義勇民兵。岳飛投其帳下，因率百騎斬殺金軍幾千有功，被升為秉義郎。不久，趙構改派岳飛至老將宗澤麾下，赴澶州援救汴京，自己卻觀望不前。西元1127年4月金軍攻入汴京，將徽、欽二宗及后妃、大臣等三千人擄走北歸後，趙構遂於南京應天府即位，是為宋高宗。

高宗任命宗澤為開封知府兼東京留守，聽信寵臣黃潛善等勸說，反「戰」而主和。岳飛上書怒斥議和，力主回擊，反被以「越職」罪免去職務。岳飛被奪官歸田後，金軍由完顏宗弼（即完顏宗弼兀術，金太祖阿骨打第四子）統率大舉南侵。岳飛在家鄉再也待不住了。當時河北招撫使張所正在招募天下的英雄豪傑。岳飛認為張所是個忠心報國的良將，便前去投奔。

張所也早就聽說岳飛治軍有方，打過許多勝仗。兩人一見，果然很投機。張所問岳飛：「聽說你打仗勇猛，你一人到底能對付多少金兵？」岳飛答道：「戰爭的勝負不能光憑將領勇猛不怕死，用兵之道首要還是制定計謀。」

張所深以為然，他感到岳飛確實是一位了不起的軍事奇才，立即派他任中軍統領，跟隨都統王彥帶七千精兵渡過黃河去攻打衛州的新鄉等地。岳飛親率一軍猛衝敵陣，金兵招架不住，被殺得人仰馬翻，連金軍的大旗也被岳飛奪得。宋軍將士見岳飛如此威風，於是，個個更是英勇無畏，戰鬥中活捉了金軍千戶阿里孛，使新鄉又回到宋朝掌管之中。

岳飛作為一個偏將，在新鄉戰鬥中發揮了主將的作用，確實立下了大功，這一點王彥雖然心裡明白，但卻嫉妒不已。所以，對岳飛不配合不支持。但岳飛仍又打了幾次勝仗，把敵將黑風大王刺於馬下，活捉金兵統帥拓拔耶馬等，繳獲了無數的戰利品。至此，金兵被岳飛打怕了，都稱岳飛為「岳爺爺」。望到「岳」字戰旗就魂飛魄散。

對岳飛有知遇之恩的張所，後來被主和派羅織罪名罷官免職，河北招撫使之職由王彥繼任。岳飛本來對罷免張所就很不平，心胸狹窄的王彥又當上自己的頂頭上司，他就更加氣憤。於是，帶領自己的人馬重去投奔宗澤。

投奔宗澤，忘年之交

當年，岳飛應募參加趙構的軍隊後，有一段時間曾在副元帥宗澤的領導下，參加過解救汴京的戰鬥，立下不少的戰功。宗澤十分賞識岳飛。有一次，他對岳飛說：「論勇、論智、論才，你都比得上古之良將，但你只會野戰這是不夠的。」於是宗澤把一些繪製好的陣圖遞給岳飛。岳飛感激老前輩對自己的培養和厚愛，但卻不贊成老帥的意見。

岳飛說：「古今時勢不同，每個戰場的地形險易也有區別，怎麼能按照固定的陣圖用兵呢？」宗澤反問道：「依你之見，古人的兵書、陣法就都沒用了嗎？」岳飛又答道：「先佈陣而後作戰，這是用兵的常法，但形勢常有變化，佈陣就不能拘泥於陣圖。所謂運用之妙，全在一心，這就要看統帥能否審時度勢，以變制變了。」

宗澤聽了岳飛的論兵之道，覺得耳目一新。因為北宋期間的將帥出征，都是按照皇帝親自頒發的陣圖去佈陣作戰，把將領們束縛住了，宗澤也自然深受影響。所以聽了岳飛的議論後，覺得他的軍事思想是很了不起的。

高宗繼位後，經李綱的推薦任命宗澤擔任東京留守兼開封知府。岳飛此次投奔帳下，宗澤十分高興，遂任命岳飛做他的留守司統領。不久，又升任他做都統領。岳飛協助宗澤安定汴京，訓練部隊。在城外設立了二十四個據點，保衛京城，沿著黃河修建堡寨，稱為連珠寨，形成鞏固的防線。

宗澤一連二十多次上書，請求高宗回師汴京，高宗置之不理，繼續沉迷於偏安，這使宗澤憂憤成疾，背生疔瘡，整天誦吟杜甫的「出師未捷身先死，長使英雄淚滿襟。」等詩句來抒發自己鬱悶的心情。最終七十歲的老將宗澤含恨而死。死前連喊：「過河！過河！過河！」意思是打過黃河，收復失地。遺憾的是，從這個願望直到南宋滅亡這一百五十二年間都沒有實現。

摧毀幻想，威震牛頭山

宗澤死後，朝廷命杜充接任開封留守。杜充是一個貪生怕死的無能之輩。

金國得知宗澤已死，便派驍將黏罕率五十萬大軍進犯開封。杜充根本無心留守，便以南下「勤王」之名，率部退到建康。金軍輕而易舉地開進開封。昏庸的高宗又將留守建康的重任交給了擅離開封的杜充。

杜充在建康整天吃喝玩樂，不問兵事。金軍統帥完顏宗弼率兵從馬家渡越過長江天險時，他根本沒有設防。他怕金兵破城後怒殺了自己，索性出城投降，保全活命。此時，岳飛轉移至淮南、廣德一帶。他在這一帶六次襲擊金軍，六戰皆捷。俘虜金兵數千人，生擒金兵猛將王權。

建康失守後，在揚州歌舞昇平的宋高宗如夢初醒，慌忙逃到杭州，到了杭州又逍遙快樂起來。可是金人卻看準這個昏庸的皇帝好欺侮，完顏宗弼便從安徽廣德打來，流亡朝廷又慌忙逃到越州（紹興），在越州又覺得不保險，便又逃到明州（寧波）、定海（鎮海），後來索性就漂流海面，不敢上陸了。

完顏宗弼得知高宗走海道出逃，索性自己也拋棄戰馬，下海去追，一直追出三百多里。完顏宗弼為什麼沒有追上這個毫無抵抗力的皇帝呢？那是因為在海上有宋朝水師的堵截，在陸地上有岳飛緊緊尾追他的主力部隊。完顏宗弼這才認識到孤軍深入的危險性。於是放棄南進滅宋的計畫，準備由杭州沿大運河北撤。

在金軍南侵撤回時，沿途義軍不斷騷擾堵截，當金軍撤至常州時，岳飛突然從宜興殺過來，四次阻擊。金兵大敗，活捉金軍萬戶少主孛堇等十一個大頭目，金兵死傷不計其數。

完顏宗弼取道秀州（今浙江嘉興）、平江府（今江蘇蘇州）欲在鎮江渡江。完顏宗弼未料，韓世忠、梁紅玉敢以八千子弟對陣十萬金兵。韓世忠披掛上陣，他的夫人梁紅玉身著戎裝，在江心的一艘戰船擂鼓助威，金兵死傷無數，完顏宗弼險些被活捉，他的女婿龍虎大王被俘。這就是歷史上著名的黃天蕩大戰。完顏宗弼先敗於平江府，再受困黃天蕩，幾乎全軍覆沒，大敗而回建康。

完顏宗弼在黃天蕩被圍困四十八天後，擺脫了韓世忠的阻擊，逃到金兵佔據的建康，準備在那裡休整，並下令大搶三天。這時岳飛已在建康的牛頭山佈

下天羅地網，他選派數百精兵，穿著黑色衣服，入夜時潛入金軍大營，在約定的時間裡應外合，潛伏的數百宋軍個個以一當十，猛襲中軍大帳。金兵知是岳家軍嚇得慌不擇路，因此大敗。

牛頭山伏擊戰，共殺死金軍大小將領一百七十多人，南下金軍全部覆沒。岳飛大獲全勝，收復了江南巨鎮建康。民眾歡聲雷動，夾道相迎。後來，岳飛的部隊屯於江陰，金兵望岳軍興嘆，不敢渡江。岳飛從此威名遠揚，這一年，岳飛年僅二十七歲。

奪回六郡　怒髮衝冠

契丹人有句老話，女真不滿萬，滿萬不可戰。此話印證了女真人戰鬥力的強大。但如此神話卻被一個叫岳飛的人打破了。誰說女真滿萬不可戰，十萬金軍照樣在岳家軍面前碰得頭破血流，而且還是女真人最擅長的野戰，而且岳家軍每次的參戰兵力都遠遠少於女真人。

傀儡政權，強佔六郡

金完顏宗弼自建康慘敗後，改變了直逼江南的戰略。準備先攻取川、陝地區，控制長江上游，然後順流東下，企圖滅宋。在中原則主要依靠偽齊軍隊來牽制宋軍。建炎四年（1130）金國在開封擁立了一個傀儡政權，冊封劉豫當他們的兒皇帝，稱為齊國。

劉豫在北宋末年歷任殿中侍御史、河北提刑等職。高宗建炎二年（1128）任職濟南知府，殺濟南抗金將領關勝後降金。受金冊封為「齊帝」後，多次配合金兵攻宋。

紹興三年冬，宋兵克潁昌。劉豫命李成會同完顏宗弼佔領襄陽六州——襄陽（今湖北襄樊）、郢州（今湖北鍾祥）、隨州（今湖北隨縣）、唐州（今河

南唐河縣）、鄧州（今河南鄧縣）和信陽（今河南信陽），控制了江漢一帶要地，切斷了南宋與川、陝地區的聯繫。這使他們得以與金主力相配合，造成壓迫江浙之勢。

此時，岳飛連續上奏高宗，他說：「襄陽六郡，地爲險要，恢復中原，此爲基本。」高宗從江、浙安全著想，勉強同意了岳飛的主張，但對他的用兵嚴加限制，規定六州收復後，不得越界進攻。

紹興四年（1134）春，劉豫竟使其心腹大將劉夔協同完顏宗弼共十萬軍馬進攻川陝，妄圖吞併南宋。早在紹興元年（1131），完顏宗弼曾領軍十萬猛攻大散關（今陝西寶雞附近）和尙原。吳介、吳琳兄弟以一萬精兵迎戰，立下「寧可戰死，不可退卻，退者斬！」的決心。

吳介駐兵的大散關和尙原，地理險要遮罩西川。吳介擺「駐射軍」大破敵軍，金軍遭受到宋金開戰以來第一次慘敗，連完顏宗弼都被射中兩箭。仙人關（今甘肅徽縣南）前，吳琳憑藉深溝固守，吳介先用奇兵突襲後以伏兵夾擊，僞齊、金聯軍大敗，自此不敢在川陝用兵。

號令全軍，扭轉局面

此次，岳飛自鄂州出兵三萬進攻僞齊。臨行登船時，對眾將云：「定叫賊人還我河山，飛不擒寇，誓不返渡。」郢州的守將京超號「萬人敵」，岳飛使張憲攻城未果，又爲長壽知縣劉輯所辱罵。岳飛大怒，親率士卒登城，並擂鼓催動士兵登城，士兵個個士氣高昂。殺敵七千，京超跳崖而死，劉輯也被殺死。

接著，派遣張憲、徐慶收復隨州。岳飛趕到襄陽，李成迎戰，左翼靠著襄江。岳飛笑道：「步兵適宜在險阻地區作戰，騎兵適宜在開闊平地作戰。李成左翼騎兵排列在江岸，右翼步兵排列在平地，雖有十萬軍隊又能有什麼作爲。」他舉起馬鞭命令王貴：「你用使長槍的步兵進攻李成的騎兵。」然後又對牛皋說：「你用騎兵攻擊他的步兵。」

　　岳飛慧眼識破敵人以騎兵佈防江岸，以步兵擺陣闊野的破綻，令部將以手持長槍的步兵攻敵騎兵。李成軍的戰馬應槍倒斃，其他兵士陣腳大亂，互相爭擠奪路，落入江中。又以騎兵將敵步兵殺得丟盔卸甲，擊潰偽齊主力。兩軍交鋒，李成連夜逃走，岳飛收復襄陽。

　　岳飛進軍鄧州，李成和金將劉合孛堇排列營寨抗拒岳飛。岳飛派遣王貴、張憲乘敵軍不備發起攻擊，敵軍大敗，僅有劉合孛堇隻身逃脫。李成的黨羽高仲退保鄧州城，岳飛率領軍隊一鼓作氣攻下鄧州城，擒獲高仲，收復鄧州。最後收了唐州、信陽，自此襄陽六州爲南宋半壁江山的屏障。

　　捷報傳到臨安，朝野一片歡騰。高宗大喜，於八月二十五日升岳飛爲清遠軍節度使，湖北路荊襄、潭州制置使。宋開國以來，節度使未嘗輕易授人。此前，南宋節度使只劉光世、韓世忠、張俊三人矣。這一年，岳飛二十三歲。

　　岳飛以迅雷不及掩耳之勢，僅三個月即順利收復六州，保住了長江中游，打通了通往川陝之路，扭轉了南宋的被動局面，增強了軍民抗敵的勇氣和信心。

傀儡被廢，有憂無喜

　　紹興七年（1137），宋朝抓到一個金兀朮的密探，岳飛計上心來，決定利用這個密探除掉劉豫這個心腹之患。岳飛叫部下把那個人綁到大帳裡，岳飛一見那人就佯裝認錯了人，對部下說：「鬆綁！」

　　岳飛隨後又對那人說：「你不是張斌嗎？我派你到大齊約劉豫引誘四太子（即完顏宗弼），你怎麼一去不復返了。我只好又派人去聯繫，劉豫已經答應我今年多天以聯合進攻長江爲名，把四太子騙到清河。你拿著我的信竟然不送，難道是要背叛我？」偵探怕死，假意認罪，請求戴罪立功。

　　岳飛說：「先饒你這一次，給你一個立功的機會，你拿著我的信去見劉豫，問明出兵的時間。」於是岳飛寫了一封信要偵探轉交給劉豫，並警告他不得洩露內情。那個偵探忍痛回到完顏宗弼處，向完顏宗弼報告了被岳飛捕獲的

全部經過，並將密信取出交給完顏宗弼。他看後大吃一驚，派人火速報告金國國君，於是劉豫被廢。

劉豫被廢黜後，岳飛又上奏說：「應該乘廢掉劉豫的機會，攻其不備，長驅直入，進取中原。」朝廷還是沒有答覆。不久，朝廷進封岳飛為「武昌郡開國侯」以示安撫。使其和劉光世、韓世忠、張俊三人並列為宋朝四大名將。在別人看來應該意滿志得了，但岳飛並非追逐功名之輩，他有憂無喜。

一天，岳飛登上鄂州一座臨江樓閣，憑欄北望，思緒萬千，遂寫下著名的〈滿江紅〉詞：「怒髮衝冠，憑欄處，瀟瀟雨歇。抬望眼，仰天長嘯，壯懷激烈。三十功名塵與土，八千里路雲和月。莫等閒、白了少年頭，空悲切。靖康恥，猶未雪；臣子恨，何時滅？駕長車，踏破賀蘭山缺。壯志饑餐胡虜肉，笑談渴飲匈奴血。待重頭、收拾舊山河，朝天闕。」這首詞抒發了岳飛報仇雪恥的雄心壯志和光復山河的崇高理想。

撼山易　撼岳家軍難

郾城大戰，是岳家軍與金兵進行的一場最大規模的決戰，雙方投入的兵力和戰役的慘烈程度都是空前的。在戰鬥最緊張的時刻，岳飛親自披掛上陣。在他的帶領下，岳家軍將士都像憤怒的雄獅，與金兵進行浴血奮戰。他們一往無前的英雄氣概和捨生忘死的戰鬥精神，使驕橫的金軍徹底崩潰了，他們發出了「撼山易，撼岳家軍難」的哀嘆。

金兵四路進犯，岳家軍大破兩陣

紹興十年（1140）五月，金完顏宗弼撕毀和約，親帥四路大軍向南宋發動大規模的進攻。高宗如夢驚醒，又嚇昏了頭。連連下詔，要求各路宋軍奮起抵抗。岳飛接到出征的命令後，立即調兵遣將，佈置好作戰的陣勢。他坐鎮郾城

指揮，準備抗擊金軍的主力部隊。

金軍統帥完顏宗弼進駐汴京，與眾將商議軍情。共同認為，宋朝的將帥都不難對付，惟獨岳家軍，將勇兵精，銳不可當。當完顏宗弼探知岳飛駐守郾城的兵力並不多時，遂下決心調集自己的主力龍虎大王、蓋世大王的軍隊與岳飛郾城決戰。

宋金兩軍擺開戰場，列好陣勢。岳飛首先派他的兒子岳雲去打頭陣。出陣前，岳飛對岳雲說：「如不能取勝，定斬不饒。」岳雲雖然年輕卻勇冠三軍，他雙手使兩個八十斤重的大鐵錘，率五十騎兵衝入敵陣，如入無人之境，殺得金兵屍橫遍野，此役殺了完顏宗弼女婿上將軍夏金吾及千戶五人。

隨後，大將王綱奮身先入，斬金將李朵孛童而返。部將楊再興隨即也單槍匹馬，窮追不捨，完顏宗弼險些被他生擒。金兵曾以潮水般的大陣，黃塵蔽天地湧殺而至。岳飛身先士卒，躍馬出陣，開弓就射，連殺數將，岳軍士氣倍增，無不以一當百，戰無不克，金軍大敗。

第二天，完顏宗弼驅使他的王牌軍前來攻城。他的王牌軍就是三千「鐵浮圖」和一萬五千多騎「拐子馬」。「浮圖」是塔的意思，「鐵浮圖」就是鐵塔兵，即連人帶馬都披上一身鐵盔鐵甲，不怕刀槍箭矢。「拐子馬」就是三匹馬橫連在一起，後面用拒馬木擋住，只能前進，不能後退。有巨大的衝擊威力。

「鐵浮圖」和「拐子馬」配合使用，無論是居中衝鋒，還是包抄兩翼，在當時是堅不可摧的。岳飛抓住了「拐子馬」的弱點，訓練出「盾牌軍」破敵。讓那些視死如歸的勇士上陣時，伏倒在地，揮動桑蔗刀專砍馬足，一馬被砍，另兩馬必倒。這一仗下來，完顏宗弼的「鐵浮圖」、「拐子馬」幾乎全部被殲滅。完顏宗弼大敗回營，哀嘆道：「我自起兵以來，從未遭受今日之敗。」

直搗黃龍，飲恨歸朝

岳飛大敗完顏宗弼於郾城後，進兵壓迫完顏宗弼到離東京四十多里的朱仙鎮。完顏宗弼整軍決戰，岳雲、張憲以五百敢死隊衝入金兵大營。岳飛激勵部

將：「直抵黃龍府（今吉林省農安縣），與諸君痛飲爾！」然而金兵此刻已經成為驚弓之鳥，望風而逃。

此役，完顏宗弼不禁長嘆：「撼山易，撼岳家軍難！」而這時河北為之震動，義軍紛紛前來相約，就連降金的宋朝軍校也來投靠。汴京城裡城外的百姓，用牛車拉著糧食，頂著香盆，到大道邊迎接岳飛的軍隊打過來。

岳飛正想利用天時地利，渡過黃河，繼續收復失地。然而，高宗懾於岳飛震主之威，聽信秦檜奏言，「令岳飛暫且班師」，下令各路大軍一律撤回原駐地。岳飛銳意北伐，奏道：「豪傑向風，士卒用命，時不再來，機難輕失。」高宗藉口「孤軍不可久留」，並在七月十七日，向岳飛催發數道金牌，日行四五百里，強令班師回朝，這時韓世忠、張俊二路大軍，皆被撤回。

岳飛本可「將在外，君命有所不受」，且不但沿途的老百姓哭喊著、跪請岳飛留下來；英雄和俠士也一同勸他。岳飛流著熱淚安慰百姓，掩護百姓撤退。百姓見狀更大失所望，扶老攜幼，滿山遍野地跟隨大軍起行，有的苦民竟攔住岳飛馬頭，慟哭說：「我等頂香戴盆，運糧以迎王師，金人皆知。今日將軍一去，我等無遺類矣。」

岳飛仰天長嘆之餘，只有嗟惋泣下，向東拜曰：「臣十年之功，廢於一旦，非臣不稱職，權臣秦檜實誤陛下也！」可想而知，岳飛內心是極大痛苦的，但是如果不回去，那就是抗旨不遵了。在忠君就是愛國的時代，盡忠報國的岳飛是不可能跳出這個局限的，他只好遵旨班師。

岳飛終於在紹興十年七月班師，金完顏宗弼一月後毀約南侵。岳飛明知受秦檜所忌，用兵動眾，恢復疆宇，今日得之，明日失之，養寇殘民，無補國事，於是力請兵權。但其時金人分二路入侵，川陝、淮西均告急，岳飛一日奉十幾次詔命，援東救西，疲於奔命，不料這些御箚，一一都成為日後秦檜誣告岳飛撤兵謀叛的藉口。

時已十月，臨安府處處浮華，夜夜笙歌，求歡於敵，只有乞和之心，焉有恢復之志？這一年，岳飛三十八歲。

盡忠報國　壯志未酬

在極權統治的古代，帝王握有至高無上的權力，「君要臣死，臣不敢不死」是歷史的常態，因而古代君臣之間的關係大多很緊張，即使是賢明的君王，也不過使臣下與其比肩，其他碌碌無為之君，必多碌碌無為之臣。要不然，非君滅臣則臣弒君。在二千三百多年的封建統治時代中，功高震主而君不嫉者，只有郭子儀這個異數了，同樣也只有唐朝那樣開放的時代才有了。而岳飛畢竟沒有郭子儀這樣的幸運，大廈將傾的南宋更無法與唐朝的氣魄相提並論。

▲岳飛統領岳家軍

寧死不屈，慷慨獄中

岳飛回到臨安（杭州），高宗和秦檜，乘機收回岳飛和韓世忠、張俊三個大將的軍權，派他們做明升暗降的大官樞密使和樞密副使。這時，完顏宗弼為要報復岳飛打敗他的恥辱，又率領大軍，從開封出發攻打過來，佔領了很多地方。秦檜忙向完顏宗弼講和，完顏宗弼提出「必殺飛，始可和」的條件。

秦檜也覺得，岳飛一天不死，議和一天不成。就下了狠心，千方百計，陷害岳飛。他知道張俊妒忌岳飛功高，王彥和岳飛有怨，就收買他們做幫兇。又用計謀，煽動和岳飛有仇的諫議大夫万俟卨，做成一個陷害岳飛的圈套，叫他們捏造種種罪狀和證據，出面控告岳飛，硬說岳飛勾結金人，存心造反。

秦檜把陷害岳飛的圈套佈置好後，就派他的心腹殿前司統制楊沂中，帶著堂牒，往廬山逮捕岳飛。隨後又將岳飛及其部將張憲逮捕入獄。岳飛被關在牢

獄裡，受盡了種種酷刑的磨折。

　　秦檜最初派御史中丞何鑄作審問官，他把秦檜事先捏造的罪狀，讀給岳飛聽。岳飛聽了，只說了一句：「我受奸賊秦檜陷害，還有什麼可說的？」便合上眼睛，任憑獄卒拷打，何鑄看見岳飛背上所刺的「盡忠報國」四個大字，深受感動，轉而為岳飛鳴冤。大理寺李若樸、何彥猷，覺得岳飛確實冤枉，沒法定罪。大理寺卿周三畏也認為沒法審問下去。

　　於是朝廷改由秦檜同黨万俟卨接任審理。韓世忠這時已被解除了軍權，聽到岳飛被誣下獄，心中憤憤不平，便去質問秦檜：「岳飛犯了什麼罪，有什麼真憑實證說他謀反？」秦檜說：「這事情莫須有（或許有）。」「莫須有三個字，怎能說服天下人呢？」韓世忠憤怒譴責。秦檜冷笑一聲，置之不理。

　　這樣拖延了兩個多月，任憑秦檜怎樣千方百計捏造岳飛的罪狀，但終究沒有一件可以定岳飛的死罪。到了那年臘月二十九日，秦檜和妻子王氏圍爐吃酒，為了岳飛案沒法了結，因此悶悶不樂。王氏也是個凶狠歹毒的女人，認為「縛虎容易縱虎難」，獻計叫秦檜下毒手殺死岳飛了事。

　　秦檜聽了王氏之計大喜，於是寫一張字條，藏在一個黃柑中，送與審案的万俟卨。万俟卨奉了秦檜之命後，便在最後審問岳飛的時候，強迫岳飛在一張偽造的供狀上簽字。岳飛仰天長嘆了一聲，在供狀上面，寫了「天日昭昭，天日昭昭」八個字，意思是說：我對國家的一片忠心，蒼天是會知道的。

　　這天晚上，岳飛就被毒死在大理寺獄中。兒子岳雲，部將張憲，也同時被殺。當時岳飛年三十九歲，岳雲只有二十三歲。其後，岳飛全家被抄，五子中除岳霖被人收養，餘皆或充軍嶺南，或逃往湖廣，甚至下屬也被株連罷免或處死，留下了中華民族的千古遺恨。

痛惜岳飛，可悲君主

　　直至宋高宗退位，宋孝宗為鼓士氣，平民憤，才追復岳飛官職，將其遺骸依禮遷葬於西湖棲霞嶺下。宋寧宗時，追封岳飛為「鄂王」，立岳廟。岳飛一

生堅貞不屈、忠勇爲國的精神，人們將永世不忘。而秦檜、王氏、張俊、万俟卨的鑄像，祖臂反剪跪在岳飛墓前，永受人們唾棄。墓闕上懸聯：「青山有幸埋忠骨；白鐵無辜鑄佞臣。」

在岳飛冤死的事件中，另一個關鍵人物是不能不提的，這就是宋高宗——趙構。宋高宗趙構是宋徽宗第九子。史書稱其懦弱，不爲過也。僅僅看建炎三年（1129）冬，完顏宗弼直入臨安如無人之境，宗弼不禁有：「南朝無人爾」的感慨。

這個高宗不但未設一兵一卒防範，逃到了海上，而且還因此嚇出一個「不舉」之症，其膽量可想而知。要這樣的一個皇帝，去恢復中原，簡直是難如登天。

這樣的皇帝雖說沒有恢復中原、還我河山的抱負，但對於自己的君王位置卻敏感至極。岳飛的功勞已經遠遠超出了這位心胸狹窄的君主所能容納的範圍。再加上宋朝開國就有「杯酒釋兵權」的傳統，對於這一點，這位君主倒是「頗得眞傳」。秦檜就是利用了高宗的這個弱點，來達到他專權的目的。高宗的可笑、可悲，可見一斑！

威服四方，方顯英雄本色
馬背天驕成吉思汗

「由於有了蒙古人，人類改變了歷史，而蒙古人倔強不拔、勇猛無敵的精神和機智敏捷的性格塑造出了偉大的成吉思汗……網路還未出現的七百年以前的蒙古人打通了世界各國的關係，建立了國際關係新秩序。」

韓國前總統金大中

「成吉思汗及其子孫幾乎將亞洲全部聯合起來，開闢了洲際的通道，便利了中國和波斯的接觸，以及基督教和遠東的接觸。……馬可波羅得到了釋迦牟尼，北京有了天主教總主教。」

法國東方史學家格魯塞

戰神檔案

姓名	鐵木眞	又稱	成吉思汗
年代	元代	民族	蒙古族
出生	西元1162年	卒年	西元1227年
特點	深沉有大略		
相關人物	札木合　汪罕　摩訶末　李睍		
戰神身世	少年喪父，與母親相依爲命。人間的悲涼和復仇的怒火讓成吉思汗具有了超出年齡的勇猛與老成。		
主要事件	◆西元1206年，各部貴族在斡難河源頭舉行盛大集會，推舉鐵木眞爲大汗，統一蒙古，建立了強大的蒙古帝國。 ◆西元1219年，成吉思汗率二十萬大軍西征，討伐花剌子模。 ◆西元1220年，成吉思汗攻下不花剌、花剌子模新都城撒麻耳干（今烏茲別克斯坦撒馬爾罕）等城。 ◆西元1226年，成吉思汗出征西夏。次年西夏滅亡。		
傳世名言	如果我建立大業，一定和追隨我到此的兄弟同甘共苦，如果違背誓言，就像這河水一樣。		

多災多難的少年時代

西元十三世紀，是個戰火紛飛的世紀，是分裂了四百餘年的帝國完成第四次統一的世紀，也是帝國打破閉塞狀態，真正走上世界歷史舞台的世紀。神奇的草原在這最為混亂的年代，誕生了令中華為之驕傲的「天驕」——成吉思汗。

▲成吉思汗

這位歷史上的偉人，他波瀾壯闊、金戈鐵馬的一生，令人嘆為觀止。然而他的童年，卻是充滿了艱辛與磨難，但特殊的環境造就了他特殊的性格。最後，他終於從喪父的無助孩童成長為胸懷大志、意氣飛揚的少年，從而預示著他會成為肩負整個蒙古興衰的王者。

一塊凝血，一代天驕

西元1162年，蒙古乞顏部酋長也速該的帳篷裡誕生了一個男孩。也速該出征塔塔兒人，剛剛得勝歸來，見新生的兒子手握一小塊凝血，額上有光，認為是吉兆，就用他打敗的塔塔兒人首領鐵木真的名字為兒子命名。鐵木真，在蒙語裡是「精鋼」的意思，由此表明也速該對兒子寄託的厚望。

鐵木真九歲的時候，也速該為兒子求了一門親，按蒙古規矩，男孩小時候如果與女孩結親，男孩要到女方家中住一年或若干年。也速該送鐵木真到女孩家留住後，乘馬返回，但在返程中，也速該被塔塔兒人下毒藥毒死。

也速該死後的春天，在祭祀祖先的典禮上，鐵木真的母親訶額侖雖然也坐在首領們當中，但是分鹿肉的時候沒分給她，她說了一句讓其他首領為之發

抖的話：「也速該死了，你們以為他的兒子長不大嗎？」自從也速該死後，鐵木真的部族開始衰落，泰赤烏氏族的首領們便撇下鐵木真一家不管，自行遷走了。

這時鐵木真不到十歲，弟、妹年齡更小。他們既缺乏牲畜，也缺少勞動力。「除影子外無伴當，尾子外無鞭子」，生活十分艱苦。然而自從父親也速該被塔塔兒人用毒酒害死後，他的心裡就燃起了復仇的火焰。一個十三歲孩子內心復仇的力量，是可以讓草原上的草也為之震盪的。

他一天天地練著草原上的武藝，馬刀閃著鋒利的光，而那張用一百年的松木做成的弓，已被他的手磨得光滑閃亮，上面已可以映出了一個十三歲少年心中的復仇之火。

怒視仇人，死裡逃生

但英雄只有一顆鷹樣的心，卻沒有一雙鷹的翅膀。鐵木真的仇家——泰赤烏的首領，擔心鐵木真長大後東山再起，於是，他們對鐵木真家的住地進行了一次突然襲擊，捉去了鐵木真。

塔兒忽台命手下人將鐵木真帶上手枷和頭枷。從一個營地到另一個營地，巡行各處，遊行示眾，炫耀自己的勝利。鐵木真每到一個營地，他都用那雙憤怒的眼睛看著那些敵人，他想看清他們的歡樂與喜悅。他想，只有那些勝利的臉，可以告訴自己失敗是多麼可怕。

泰赤烏人為了慶祝鐵木真被抓，整個部落在斡難河邊上大開宴會。那個要用怒火把他們焚燒的人現在已成了俘虜，所有的人都在慶祝著勝利，他們一個個喝得酩酊大醉，只有一個少年在那裡看守著鐵木真。那個少年也喝醉了，鐵木真感覺到機會來了，他用枷鎖把那個少年打昏，然後他跑到河邊的樹林中，又從樹林潛入一條水溝裡，將身體藏在水中，只露出口鼻呼吸。

泰赤烏人發現鐵木真逃跑後，才從自己的帳房裡出來，開始了緊張的尋找。在那白晝般明月的照耀下，鐵木真被速該勒都思部落的鎖兒罕失剌發現

了。鎖兒罕失剌是個很有正義感的人，沒有告發鐵木眞。

泰赤烏人找了很長時間都沒有找到他，認爲鐵木眞已經跑遠了，於是就都回去睡覺了。鎖兒罕失剌悄悄地找到鐵木眞，讓他快點離開，回到自己的母親那裡去。鐵木眞謝過了鎖兒罕失剌，回到了母親和他弟弟們的身邊。

積聚力量，認父「汪罕」

爲了防止再遭襲擊，鐵木眞把全家遷到肯特山去居住。他們全家在肯特山居住了幾年後，鐵木眞便和孛兒帖結婚，以便取得翁吉剌部的支持。可是婚後不久，蔑兒乞惕部落突然襲擊了鐵木眞的營帳。在戰亂中，鐵木眞雖然逃進了不兒罕山，但他的異母及妻子孛兒帖卻被俘擄。

對於鐵木眞，這是他復仇的開始；可對於這個草原，不過是一個環節。蔑兒乞惕人之所以要搶成吉思汗的妻，是爲了報成吉思汗的父親也速該從他們那兒搶走了訶額侖的舊仇。艱辛的生活，接連的打擊，不僅沒使鐵木眞灰心喪志，反而更增強了他復仇的決心。他決心積聚力量，恢復自己家族的勢力，爲此，他採取了一系列的行動。

鐵木眞知道，單憑自己的力量是不能戰勝敵人的，只有利用蒙古各部之間的矛盾，取得一些部落主的支持，才能壯大自己的力量，打敗敵人。鐵木眞的父親也速該生前和克烈部的首領汪罕是「安答」（結義兄弟），爲了爭取汪罕的支持，鐵木眞忍痛把妻子帶來的嫁妝黑貂裘獻給汪罕，並稱他爲義父。

這個汪汗答應幫助他，並聯合另一個部落首領札木合，搶回了孛兒帖。而他的母親訶額侖在敵人的營盤裡看到一個五歲小孩，把他收爲養子。後來，她處心積慮地養了很多孤兒，把他們培養成她的「白日視之目，昏夜聽之耳」，這些人後來都成了鐵木眞的戰將。

這個臨時的聯盟在鐵木眞奪回妻子後彼此分開，而鐵木眞繼續留在札木合部。他之所以依附於札木合，並不是因爲他們小時候是朋友有交情，而是因爲那裡有父親也速該舊部的上萬人馬，都在也速該死後投靠來的。

面對多災多難的少年時代，鐵木眞在風雨的洗禮中一步步走向成熟。過早的喪父讓他學會了獨立思考和承擔所遇到的一切困難；在仇家面前讓他養成了倔強而堅定的性格，更讓他擁有了超越常人的智慧和勇敢；在等待中尋找機會，在沉默中積聚力量。這隻大漠的雄鷹終究會張開他的翅膀，自由的翱翔在屬於他的那片藍天上。

叱吒漠北　尊爲大汗

西元十二至十三世紀，漠北的歷史進程把「一代天驕」成吉思汗推上了成功的頂峰。當時蒙古草原上部落星羅棋布，互相兼併殘殺，最後形成幾個大的部落聯盟：東部有塔塔兒部，北部有蔑兒乞惕部，中部有克列亦惕部，西部有乃蠻部，還有作爲著名縱橫家札木合爲首的札答闌部等等。

同這些龐大的部落聯盟相比，蒙古部是一個較爲弱小的部落。各部落聯盟之間互相攻伐，爭戰不休，戰爭變得越來越殘酷，嚴重地阻礙著蒙古歷史的發展。在這種分裂混亂中，人民渴望統一和安定。時勢造英雄，成吉思汗順應了這一歷史要求，成就了統一大業。

打拉戰術，羽翼漸豐

十二世紀八十年代，鐵木眞移營怯綠連河（今克魯倫河）上游，獨立建帳。他廣結盟友、選賢任能、寬厚待人，吸引許多蒙古部眾和乞顏氏貴族來投靠，被推爲可汗。

鐵木眞從屬民及奴僕中選拔自己的親信組成「那可兒」（蒙古語，即護衛軍）。這支以「那可兒」爲核心的隊伍，成爲鐵木眞統一蒙古高原軍事力量的基礎。沒有多久，札木合的弟弟由於搶掠鐵木眞的馬群被蒙古部人殺了，札木

合以此為藉口，糾集他所屬的十三部共三萬人向鐵木眞發起進攻，鐵木眞也把自己的三萬士兵分成十三翼迎戰札木合。

雙方在克魯倫河畔的答蘭巴勒主惕展開了一場大戰。這就是蒙古歷史上著名的「十三翼之戰」。鐵木眞以他的失敗告終，札木合雖然取得勝利，但其所屬部落首領對札木合的橫暴十分不滿，而鐵木眞對部眾多施仁義，關懷籠絡，故歸心於鐵木眞。於是術赤台、畏答兒、晃豁壇、速勒都思（赤老溫）等族人紛紛來附。此後，鐵木眞力量進一步壯大。

不久，塔塔兒部首領蔑古眞反抗金朝，金朝大將軍完顏襄約克烈部汪罕和鐵木眞聯合出兵進攻塔塔兒，塔塔兒部大敗，蔑古眞被殺。汪罕和鐵木眞都擄掠了許多奴隸和財物。這次戰鬥，鐵木眞不僅報了殺父之仇，還虜獲了塔塔兒的部民和牲畜，從此，他的力量更雄厚了。接著，他又陸續併吞了幾個部落，力量比十三翼之戰以前更加強大。

西元1201年（金章宗泰和元年），鐵木眞和汪罕聯合，擊敗了札木合部。第二年，鐵木眞又殲滅了殘餘的塔塔兒人，接著弘吉拉等部也前來歸順。這樣，蒙古高原東部的各部都已統一歸併於鐵木眞的號令之下。從此，鐵木眞在爭奪汗權之戰中，他的領袖地位已成定局。少數不服從他的人如札木合等，不能立足，只好帶著少數部屬，離開駐牧地，前往汪汗進行投靠。此後，成吉思汗統一蒙古各部之戰，進入第二階段。

大敗汪罕，掃平乃蠻

鐵木眞的勢力不斷擴大，使汪罕感到威脅。於是，汪罕和鐵木眞的關係因利害衝突而開始惡化。

西元1202年春天，汪罕騙鐵木眞赴婚宴不成，便聯合札木合向鐵木眞發動突擊。鐵木眞失利，這是鐵木眞生平最艱苦的一次戰鬥。逃亡途中經過班朱尼河時，鐵木眞和夥伴們立誓：「如果我建立大業，一定和追隨我到此的兄弟同甘共苦，如果違背誓言，就像這河水一樣。」這就是蒙古歷史上著名的班朱尼

河之誓。後來，同飲班朱尼河水的人都被封爲功臣。

鐵木眞一直退到貝爾湖（位於呼倫貝爾草原的西南部邊緣）以東的地方。這年秋天，他的軍事實力又恢復了。汪罕卻驕傲痳痹，在自己的駐地歡慶勝利，整天歡樂歌舞，不加防備。鐵木眞暗暗派兵包圍了汪罕的駐地，突然發起進攻。經過三天三夜的激戰，佔領了汪罕的金帳，完全消滅了克烈部，汪罕逃到鄂爾渾河畔之後被乃蠻人殺死。

強大的克烈部被消滅以後，蒙古高原上唯一還有力量與鐵木眞抗衡的，就只剩下西邊的乃蠻部。

西元1204年春，鐵木眞率大軍西進，太陽罕亦領兵東進，兩軍決戰於蒙古中部的杭海嶺（今杭愛山）察乞兒馬兀惕，鐵木眞自己打前鋒。當天夜裡，乃蠻軍紛紛逃散，太陽罕受傷被擒，不久死去，乃蠻聯軍大敗。

鐵木眞攻滅乃蠻南部太陽罕部，乘勝追擊太陽罕子屈出律和札木合、蔑兒乞惕人。殘餘的蒙古部貴族的勢力和蔑兒乞惕三部之餘眾，相繼被征服。漠南汪古部首領主動前來歸附，到處逃竄的札木合，被他的部下綁了送交鐵木眞，最後被鐵木眞處死。斡亦剌部首領忽都合別乞也向鐵木眞投降。這樣，鐵木眞就完成了統一全蒙古的大業。

一統大漠，成吉思汗

西元1206年（金章宗泰和六年），全蒙古的貴族，功臣們在鄂嫩河畔舉行大聚會，鐵木眞命人在大帳前樹起九足白旗，作爲新誕生的蒙古帝國的國旗。大家一致推舉鐵木眞爲全蒙古的大汗，並且在薩滿教徒代表帖卜‧騰格里（即「通天巫」之意，他讓人們如此稱呼他）見證的情況下，鐵木眞依靠自己的權威以「成吉思汗」頭銜稱汗，「成吉思汗」在蒙古語中爲「強大」的意思。

之所以爲成吉思汗進行加冕，是要表示成吉思汗稱汗是順應天意（「蒼天」是古代突厥人和古代蒙古人至高無上的神靈），是上天指定這位新的君主代表祂在地上統治萬民。「成吉思汗」這一稱號也反映了這一確認：「成吉思

汗」者，乃「賴長生天之力而爲汗者」也。

這一年，鐵木眞四十四歲。成吉思汗成爲全蒙古的大汗，標誌著蒙古族的歷史進入了一個新階段。在東起呼倫貝爾草原，西至阿爾泰山的遼闊地域內，操著不同語言和具有不同文化水準的各個部落，逐步形成了勤勞勇敢的蒙古民族。

成吉思汗統一全蒙古以後，建立了第一個蒙古政權——蒙古國。他在軍事、行政、法律、文化等各方面都開創了一套新的制度。從此，成吉思汗和他的親屬、功臣和貴族，漸漸變成了封建主，原來的奴隸和自由民就成爲封建牧民。成吉思汗把蒙古各部統一起來，並通過一系列改革，使這個遊牧民族進一步封建化，並在世界舞台上發揮了重大作用。

鐵騎錚錚　席捲歐亞

蒙元大帝國的出現正是人類發展道路上的又一次奮進，又一次探索。據《黃金史綱》記述，十二世紀的歐亞大陸是「時有肆虐其民者十二國，皆暴戾無道，民不堪其苦。天生成吉思汗鐵木真，以次剪滅十二國，有天下」。成吉思汗「在位二十四年，滅國四十」。

地跨歐亞兩大洲且大一統的元王朝，打破了歐亞大陸上各民族間此疆彼界的限制，大大便利了空前寬泛廣大地域內各民族人民的往來和物資文化交流，也為中華各民族的統一和共同發展奠定了穩固的基

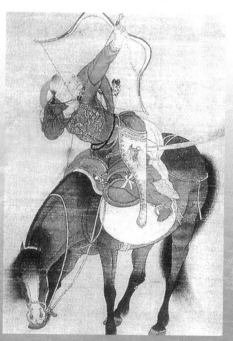

▲彎弓射箭

礎。「山雨欲來風滿樓」，強勁的蒙古旋風「橫掃千軍如捲席」，為歐亞大陸帶來了新的格局、新的景象。

西征起因，歷史評說

有人說，十二世紀的蒙古族作為草原遊牧群體，處於低水準發展階段。有人說，蒙古鐵騎只會征戰搶掠，造成了巨大的破壞。這也許有一定的道理，也許一定程度上反映了當時的歷史事實。

但更重要的是，蒙元帝國征服了四十多個大大小小的諸侯、王朝、公國，並且成功地進行了上百年的鞏固和發展。鐵的事實證明，「落後」論和「破壞」論是有失公正和客觀的，恐怕離歷史的真實太遠了，而且遠的有點離譜了。

花剌子模位於咸海南、阿姆河下游，是中亞的一個古國。十一世紀末，塞爾柱國王任命其突厥大臣忽都不丁為花剌子模地區都督。忽都不丁四世孫摩訶末繼位後，進一步擴張領土，建立了一個包括前蘇聯、中亞地區以及阿富汗、伊朗等地的伊斯蘭大帝國。都城玉龍傑赤（今土庫曼國烏爾根奇）。

蒙古西征花剌子模並非成吉思汗的本意，更不是由成吉思汗挑起的。印度前總理尼赫魯先生在《翻開看世界歷史》一書中曾客觀地分析了成吉思汗西征與經商的關係。

他說：「成吉思汗在佔領朝鮮、唐古特之後，本想停止擴張。他並沒有打算攻佔西方諸國，而且想要同花剌子模沙拉和平相處。但是沙拉的一個督統殺了蒙古商人。在這種情況下，成吉思汗仍然是希望和平相處，派使團要求處理殺死蒙古商人的督統。沙拉不但沒有同意成吉思汗的要求，反而殺害了使團團長，其餘的成員被剃光鬍鬚押出國境。成吉思汗當然不能容忍這種無理行徑，做好準備後於1219年進攻並摧毀了花剌子模。」「沙拉殺了成吉思汗的使者，這是血仇，所以成吉思汗攻打花剌子模，報了仇。」

十萬鐵騎，一瀉千里

當時的歷史正是像尼赫魯先生書中描述的那樣，成吉思汗試圖與花剌子模人建立起一般的商業和政治關係。但是，西元1218年，一支來自蒙古帝國的商隊（商隊成員中除蒙古使者兀忽納外，其餘成員全由穆斯林組成）在錫爾河中游的花剌子模邊境城市訛答剌受到阻止並遭到劫掠，商隊的四百五十名成員被貪婪的花剌子模守將亦納乞克（又稱哈亦兒汗）以間諜的罪名處死。

成吉思汗派正使要求嚴懲罪犯並賠償，在遭到拒絕後，花剌子模殺害前來的使節，這直接導致了成吉思汗決定發動戰爭，這是一個不容否認的歷史事實。

花剌子模人的所作所爲是對一個主權國家的無視與侮辱，這種事件即使發生在現代，也會引發一場國家之間的戰爭。更何況成吉思汗這樣的英雄及當時的勢力，那更是無法避免了。但它又從一個側面說明：打破東西方之間「老死不相往來」的局面，已經成爲歷史發展的必然趨勢。

西元1219年夏，蒙古軍團在也兒的石河（額爾齊斯河）上游集中。西元1219年秋，成吉思汗親自率領十幾萬大軍出征花剌子模。成吉思汗的軍隊讓花剌子模人吃驚，大軍如潮水一般從蒙古草原一瀉而下，更讓歐洲人驚呼：上帝的黑鞭出現了。

此時的花剌子模統治集團內部矛盾十分尖銳，軍事貴族和太后勢力結合，構成對國王摩訶末的嚴重威脅。由於爭權奪利，使他們不能團結一致共同抵抗蒙古軍的進攻。儘管花剌子模軍在總人數上佔優勢，但是他們在每一單獨點上的人數比蒙古軍少。

成吉思汗從錫爾河中游的訛答剌附近進入花剌子模境內。成吉思汗分兵四路向花剌子模大舉進攻。他一面派二兒子察哈台、三兒子窩闊台攻打訛答剌城，一面派大兒子術赤攻打錫爾河下游各城鎮，自己則和拖雷統率主力部隊，橫越沙漠，直趨西南方的不花剌（今布哈拉）城。

大兵壓境，兵來如山倒。不花剌城的突厥守軍被成吉思汗軍隊的陣勢所驚

呆。更是無心戀戰，一心只求保命，企圖突破圍城的防線而逃跑，結果自然是城破人亡。不花剌城很輕易的被攻破了。

緊逼不捨，無路可逃

成吉思汗從不花剌進軍撒麻耳干，在撒麻耳干城前與剛攻下訛答剌城的察合台和窩闊台會合。摩訶末以十萬軍隊守城，撒麻耳干居民（有一部分仍是伊朗人）勇敢地企圖出擊，但被壓住。城裡有守軍十一萬，五萬爲波斯人，六萬爲突厥康裡部人。這些部隊都是精兵良將，城防甚固，蒙古軍一時未能攻下，於是派人對突厥人洗腦。突厥人認爲和蒙古人同種，蒙古人必會善待他們，於是第五日，二十多名突厥康裡族將領率三萬人出城交出武器投降，城中大亂，蒙古軍入城。其中，城中那些被認爲有用的人，如技術工匠被帶往蒙古。

在蒙古征服河中期間，花剌子模蘇丹摩訶末被盲目的狂妄自大而招致的災難所嚇倒，從自負走向極端沮喪，最後完全遲鈍了。以後他逃到巴里黑（巴爾赫），又從巴里黑繼續逃到呼羅珊西部，在那裡他避難於尼沙普爾（今伊朗霍臘散省內沙布林），其後他在與日俱增的恐慌中又跑到與他的統治地區遙遙相對的另一端：伊拉克阿只迷（這不是現在的伊拉克，而在伊朗境內）西北的可疾雲（今伊朗德黑蘭省加茲溫）。

但是，成吉思汗已經派出一支由他的兩位優秀將領哲別和速不台率領的騎兵分隊追趕他。這是一次瘋狂的追逐。巴里黑城在哲別和速不台逼近時納款獲赦免，並接受了一位蒙古總督的統治。這兩員蒙古大將繼續追趕摩訶末，後來進入了伊拉克阿只迷，對列夷（今德黑蘭之南）發起突然進攻。

然後他們火速穿過哈馬丹（今伊朗西部哈馬丹），抵達哈侖，摩訶末在此幾乎落入他們手中，後來又溜掉了。他們摧毀贊詹和可疾雲以洩憤怒。其間，倒楣的摩訶末在裏海的一個孤島上避難，在那裡，他於西元1220年12月因精力衰竭而死。

直追摩訶末，趕入印度河

摩訶末死後，其子札蘭丁繼承王位。西元1221年，札蘭丁率六、七萬軍隊北上進駐八魯灣（今阿富汗喀布爾北），打敗前來追擊的蒙古軍。成吉思汗是一個永不言敗且執著到底的人，從他小時侯那替父報仇的信念，到後來的直追摩訶末就可以看出。

面對這次的失敗，成吉思汗是不會善罷甘休的。於是不久，成吉思汗又派遣三萬蒙古軍來戰，結果又被札蘭丁打敗。成吉思汗再也無法熄滅心中的怒火，自己又重新跨上戰馬親率大軍與札蘭丁激戰。結果，札蘭丁的軍隊傷亡甚眾，札蘭丁躍馬跳進印度河，泅水逃往印度。

西元1223年，成吉思汗命令哲別、速不台率領三萬騎兵（包括脫忽察兒之一萬騎兵）北越高加索探察。哲別、速不台率軍由南面迂迴裏海，進入亞塞拜然（今阿塞拜疆）進行了喬治亞（或稱谷兒只，即今格魯吉亞）之戰，掃蕩高加索南北諸役，舉行了帖雷克河之戰、迦勒迦河之戰，破俄羅斯聯軍十萬，打開了俄羅斯大門，西元1225年回到蒙古。

佔領花剌子模後，成吉思汗在中亞各地設置達魯花赤（鎮守官），並委派伊斯蘭教商人牙老瓦赤總督負責中亞一切事務。成吉思汗率軍於西元1225年回到蒙古，完成了第一次西征。

兵發西夏　氣貫長虹

提起一代天驕成吉思汗，幾乎無人不知，無人不曉。然而，在他氣貫長虹的戎馬生涯中，誰也想不到會與小小的西夏王國產生難解難分、生死相關的聯繫。

歷史竟是如此的巧合，成吉思汗帶領蒙古鐵騎踏平了西夏疆土，摧毀了西夏王國，他自己卻在六次征討西夏，即將大獲全勝之時，於歸程中在西夏境內的薩里川命歸黃泉。

　　這是成吉思汗的最後一戰，也是成吉思汗付出最多精力和心血的一戰。

西夏形成，鎖定突破口

　　西元1038至1227年間，在帝國的西北部，有一個與宋、遼（金）三足鼎立的少數民族王國——大夏王朝，又稱大白高國。因其疆域主要包括今陝西、甘肅、寧夏、青海、新疆的部分地區，地處西北部，所以歷史上稱之為西夏。

　　西元1038年，元昊正式稱帝，建立西夏王朝。雖然在相當長一段時期內，西夏曾時而對宋稱臣納貢，時而與遼聯姻結盟，但正是因為成功地運用了這種避重就輕，在夾縫中求生存的立足策略，反而逐步壯大了自己的力量，成為歷史上敢與宋、遼抗衡，一股不容小覷的重要力量，最終形成宋、遼、西夏三足鼎立之勢。

　　在成吉思汗統一漠北以前很長一段時間裡，蒙古高原上的各個部落之間相互征戰，爭奪霸權，尚無暇顧及更大範圍內的對外擴張。他們與統治河套和河西走廊的西夏王朝基本上沒有發生直接的關係。到了成吉思汗統一蒙古前夕，漠北的遊牧部落才開始與西夏有了接觸。

　　最初，成吉思汗的主要目標是女真族建立的金國，目的是反抗、擺脫金國的統治。但是，作為戰略家的成吉思汗，「深沉有大略」、「未敢輕動」。金國物產豐富，文化發達，築有三千里界壕，軍力雄厚，當時尚能擊敗南宋稱雄一方，因此不可輕視。

　　蒙古統一後，成吉思汗雖攻佔了金國的部分土地，但蒙、金仍處於對峙狀態。成吉思汗審時度勢，沒有首先把矛頭指向金國，而是選擇了在遼、北宋及金、南宋兩大勢力爭鬥夾縫中求生存的西夏為突破口。最終，成吉思汗於西元1227年第六次親自統兵征服了西夏，為進軍全國打開了通道。

三攻西夏，愈加強大

西元1204年，成吉思汗擊敗乃蠻部，擒殺其首領太陽罕，統一蒙古諸部。統治區域東起黑龍江上游，西達阿爾泰山草原。鑒於女真統治集團長期對蒙古族的殘暴壓迫，力量日益壯大的成吉思汗決計滅金。為防止稱藩於金的西夏的牽制，遂先發兵進攻西夏。

西元1205年，成吉思汗親率蒙古騎兵浩浩蕩蕩向南襲來，大軍像洪水一樣相繼吞併了西夏力吉里寨經落思城與乞鄰古撒城（今地不詳）。昏庸的夏桓宗純祐對成吉思汗準備滅亡西夏的企圖毫無察覺，因而當蒙古退兵後，以為從此可以太平，於是下令大赦國內，做起西夏再度「中興」的美夢，對蒙古軍的再次征掠沒有任何防備。

西元1207年8月，成吉思汗以西夏不納貢為藉口，率兵再次進攻西夏，破其邊防要塞斡羅孩城（今內蒙古烏拉特中後旗西境），隨即遣兵繼續攻打。夏襄宗安全馬上召集右廂諸路兵進行抵禦，擋住了蒙古軍兇猛的攻勢。成吉思汗見夏國兵勢尚盛，不敢驟進，屯兵五個月，因糧餉匱乏，於次年2月自引兵還。

緊接著西元1209年3月，金叛將李藻、田廣明等建議蒙古攻金，成吉思汗擔心夏軍襲其後，率軍出黑水城（今內蒙古狼山山脈西北喀喇木倫之濱），三度攻夏，襲擊西夏邊防關口斡羅孩。夏襄宗安全命其子承禎為元帥、大都督府令公高逸為副元帥，督兵五萬阻擊。蒙古軍集兵猛攻，夏軍大敗，高逸被俘，不屈而死。

4月，蒙古軍進圍斡羅孩城，遣人臨城招降，被西夏太傅西壁訛答拒絕。城被攻破後，西壁訛答率兵巷戰，兵敗被俘。蒙古軍乘勝南進，直抵西夏都城中興府（今寧夏銀川）週邊要隘克夷門（今內蒙古烏海西南）。克夷門地勢險峻，關外兩山對峙，僅一徑可通，懸絕不可登。

夏襄宗命嵬名令公復率兵五萬憑險據守。開始，蒙古軍屢被嵬名令公擊退。雙方相持兩月，成吉思汗乘夏軍懈怠，據險設伏，派遣遊兵誘嵬名令公入伏，嵬名令公引軍出擊，結果中伏被擒。蒙古軍遂破克夷門，包圍中興府。夏

襄宗親自登城督戰，蒙古兵屢攻不下。

時間轉眼到了9月，雨季到來，黃河水暴漲，成吉思汗命令諸將築堤，引水灌城，這一計策十分奏效。10月份，西夏馬上遣使赴金求援，但遭金衛紹王拒絕。12月，形勢終於到了危急時刻，中興城因水淹浸，外堤潰決，水勢氾濫。夏襄宗登城隔水與成吉思汗相見，面約和好，獻女察合給成吉思汗，蒙古遂放還嵬名令公並退兵。

成吉思汗第三次攻夏獲勝之後，轉兵攻金，數年間佔據金大片領土，金夏日漸艱難，蒙古愈加強大。

摧毀西夏　完成宿願

▲蒙軍騎射

草原上的英雄有如天上的星星，但最亮的一顆無疑屬於他——成吉思汗！西元1038年，西夏與宋、遼鼎足而立。這個遊牧的民族安定下來，有了國號，有了文字，有了天下第一寶劍。

西夏人氣宇軒昂、驃悍驍勇，在百年來的戰爭中無數次的讓對手心驚膽寒。但沒想到的是，在同樣以驃悍驍勇著稱的成吉思汗面前，西夏的統治者們卻被蒙古人的氣勢所嚇倒。自開城門，獻城投降，自斷了自己的種族之路。成吉思汗的一句「勇士們，讓我們，跨上馬吧！」響徹整個中華大地。

西夏反覆無常，加速滅亡

西元1217年正月，蒙古西征花剌子模，再次向西夏徵兵，西夏不堪徵調，拒絕出兵。成吉思汗遂以西夏不應從征爲由，率軍四度攻夏。12月，蒙古軍渡過黃河進入夏境，直抵夏都中興府，夏神宗遵頊倉惶出奔西京（即靈州，今寧夏靈武西南，一說西涼，今甘肅武威），留太子德任守中興府。然後又派遣使者請降，蒙古軍才退去。

西夏的加速滅亡，很多時候根源於不安分和反覆無常的對蒙立場。西元1223年，夏神宗遵頊因附蒙攻金之策連遭失敗，成吉思汗又屢遣使指責，不安於位。遵頊遂於12月傳位於次子德旺，自稱上皇。德旺繼位後，改變國策，聯金抗蒙，趁成吉思汗遠征西域之際，遣使聯絡漠北諸部，企圖結爲同盟，抗禦蒙古，以固西夏。

西元1224年5月，成吉思汗從西域回師途中，聽說西夏有反叛的意圖，遂率兵由河外攻沙州（今甘肅敦煌），但久攻不下。隨即令軍乘夜暗挖掘地道，想通過地道遣入城中，被西夏守將籍辣思義發現，夏軍立刻向地道中放火，許多蒙古兵窒息死在地道中。

9月，成吉思汗仍久攻不克沙州。他另換思路，命總管華北諸州的國王孛魯、黑馬等分兵進攻銀州（今陝西榆林南）。西夏守將鹽府塔海出戰，兵敗被俘，蒙古軍攻破銀州。孛魯令都元帥扼守要地，自率軍還。11月，夏獻宗德旺聞銀州失守，漠北諸部潰散，迫於無奈，遣使到蒙古軍中請降，並承諾以子爲人質，成吉思汗這才退兵。

成吉思汗西征回到漠北和林（今蒙古烏蘭巴托南），聞西夏納其仇人原蒙古乃蠻部赤臘喝翔昆，且違約不遣其子爲人質，他勃然大怒，發誓再次大舉攻夏。成吉思汗於西元1226年春以西夏拒絕出兵助戰和不納質子爲由，分兵兩路，東西並進。東路軍由成吉思汗親自統領，從漠北南下，西路由大將阿答赤統領，從西域（今新疆）假道畏兀兒（回鶻）東進。

最後征戰，如願所償

2月，成吉思汗率領的東路軍乘勝進至賀蘭山（今寧夏銀川西北），西夏大將阿沙敢卜戰敗被擒。7月，成吉思汗長驅直入，圍攻西涼府（今甘肅武威），夏宿衛官粘合重山等力戰不敵，守將斡扎簀舉城投降。同時，夏獻宗德旺在蒙軍日益進逼之下，驚悸而死，其侄南平王李睍繼位。

8月，西路軍越過沙陀（今寧夏中衛縣西），搶佔了黃河九渡，攻陷應里。10月，東路軍攻破夏州。兩路夾擊，形成對西夏政治、經濟中心靈、興地區的鉗形攻勢。11月，成吉思汗親自率領大軍圍攻靈州。末主李睍遣大將嵬名令公率十萬大軍緊急赴援，途中被蒙古軍隊打敗。

德任領固守靈州的夏兵和蒙古軍隊進行死戰，其激烈的程度為蒙古作戰以來所少見。最後因夏兵傷亡慘重而失敗。靈州失陷，德任被蒙古軍隊俘獲，不屈被殺。西元1227年1月，末主李睍以蒙古兵臨城下，國勢瀕危，顧不得改元，繼續使用乾定年號。

這時，成吉思汗留一部分兵繼續圍攻中興府，自己帶領大部分軍隊渡黃河進攻積石州，以徹底卡斷夏兵的後路。末主李睍被蒙古軍圍困在中興府內，一籌莫展，委託右丞相高良惠領兵抵抗。

高良惠「內鎮百官、外勵將士」，領兵在都城日夜拒守，積勞成疾。部下勸他保重，他感嘆說：「我身為國臣，不能消除禍亂，使敵寇深入至此，活著有什麼用呢？」最後由於勞累過度而死。成吉思汗在回師隆德途中，因氣天炎熱，避暑於六盤山，派御帳前首千戶察罕赴中興府諭降。

6月間，又發生強烈地震，房屋倒塌，瘟疫流行。被蒙古軍隊圍困達半年之久的中興府糧盡援絕，軍民多患病，已失去了抵抗的能力。末主李睍走投無路，只得派遣使節向成吉思汗請求寬限一個月獻城投降。7月，成吉思汗在清水縣（今甘肅清水縣）西江得重病，立下遺囑：死後暫祕不發喪。不久，末主李睍、嵬名令公等投降蒙古。建國一百八十九年的西夏王朝最終滅亡。蒙古軍在返回途中行至薩里川，成吉思汗病死。

一代天驕隕落，成吉思汗戎馬生涯近五十年，施展雄才大略，依靠一批能征善戰的將領和謀士，利用騎兵優勢，創造了震撼世界的業績，用最雄偉、最有氣魄的語言也似乎不能概括他所開創的驚天偉業。

還是用著名蒙元史專家傑克‧威澤弗德的一段話來闡述他所帶給人類的影響吧：「偉大的歷史人物不能被整齊的捲塞在書皮之間，也不能像受壓的植物標本被熨平。……當事件本身從人們的視野中淡去後，它們的影響還將長期存在。就像一口鐘的振盪聲一樣，在停止敲擊之後，我們仍可以感覺到它。成吉思汗離開歷史舞台已經很長時間了，但他的影響將持續地縈繞在我們這個時代。」

功績一統　空前絕後

成吉思汗是中華民族發展史上一位傑出的人物，其本人及其子孫的軍事活動，克服了當時東西方陸路交通的人為障礙，極大地促進了東西方文化交流，推動了人類文明的進步。

▲成吉思汗陵

對手恐懼的大漠天驕

讓我們來看看在中亞乃至歐洲人眼中，成吉思汗及他所率領的蒙古軍是一個怎樣的形象。

西元1222年，在俄羅斯東南方的邊界上出現了一支彪悍的騎兵，他們英勇善戰，他們強悍無比。這是西歐人前所未知的一支軍隊。用一位俄羅斯編年史作者的話來說：「由於我們的罪惡，我們不知道的部落來到了。沒有人知道他們是什麼人？他們是從哪裡來的？更不知道他們信仰的宗教是什麼？只有上帝知道。」

他們，就是成吉思汗的先頭部隊。

這一年的5月31日，在靠近亞速海的草原南部的卡勒卡河畔，俄羅斯的公爵們帶領他們的部下和同盟軍與來犯之敵進行了大戰。俄羅斯軍隊一敗塗地，投降了蒙古人的基輔公爵與其他公爵被縛置地上，上面蓋以木板，蒙古人便在木板上舉行宴會，慶祝勝利。隨後，蒙古騎兵又神祕地撤走了，消失在茫茫大漠之中。

西元1240年12月，蒙古軍隊攻克俄羅斯首都基輔，全城居民驚恐萬分。

西元1241年4月，波蘭人與日耳曼人組成聯軍迎戰來犯的蒙古軍隊，在西里西亞的列格尼察，聯軍全軍覆沒。與此同時，蒙古主力部隊進入摩拉維亞和匈牙利，在布達附近的莫吉地方摧毀了馬札爾人的軍隊。

西元1242年春，蒙古軍隊兵分兩路，一路向南追擊逃走的匈牙利國王，甚至進入了今天南斯拉夫沿海的達爾馬提亞地區。另一路向北衝擊奧地利，前鋒抵達克洛斯特諾伊堡。

對於西歐人來說，蒙古人似乎還是遠在天邊的一個部落。蒙古人最初的大舉西進非但沒有讓西歐人警覺，相反還讓他們幸災樂禍。西元1238年，當敘利亞人向法蘭西和英格蘭的國王建議基督教徒和穆斯林聯合起來抵禦蒙古軍隊時，溫徹斯特主教殘忍地對英王亨利三世說：「讓這些狗互相摧毀，完全消滅，那時我們將會再來，全球性的基督教將在他們的廢墟之上建立起來，在全世界，將只有一種教會，一個基督。」

然而，隨著蒙古人的步步進逼，陰雲籠罩了西歐。在上述的同一年，即西元1238年，英格蘭東海岸的雅茅斯出現青魚過剩，究其原因，原來是日耳曼的魚商懼怕蒙古人，不敢出門販魚。

在以後的幾年中，東方「災難」的消息越來越多地傳向西方，信奉基督教的俄羅斯成了蒙古帝國的一個省，而格魯吉亞的女王和加利西亞的公爵也發出了絕望的呼救。雖然由於西元1241年底窩闊台汗的去世使蒙古內部發生了權力之爭，從而延緩了戰爭的進程，但一旦汗位繼承問題得到了解決，就沒有任何

力量可以阻止蒙古人的浩蕩西進了──除了大西洋的萬頃碧波。

西元1245年，新教皇英諾森四世認識到形勢的嚴峻，開始挑選使節出使蒙古，尋找戰爭或和平的答案。面對凶殘的敵人，面對謎一樣的大漠，義大利人約翰·普蘭諾·卡皮尼和葡萄牙人勞倫斯臨危受命。

卡皮尼的出使讓中斷了一千年之久的東西方聯繫又重新恢復，西方人對東方的探索重新開始，西方人這才發現，東方已不是一千年前的東方了。當西方國家還在夜郎自大時，東方國家已經創造出了輝煌的文明和令人炫目的財富。這次出使打開了歐洲朝向東方的窗戶，東面風來，為死氣沉沉的中世紀歐洲注入了新鮮空氣。在一定程度上，是中世紀歐洲的一次思想啟蒙。

世人興嘆的蒙元帝國

再讓我們看看成吉思汗及其子孫的成就。在一步步登上權力頂峰的過程中，成吉思汗發展了自己的戰爭理論。他創造了閃電戰和包圍戰等革命性的進攻戰術，並以此先掃平了東亞的抵抗力量，進而從後方擊潰了整個伊斯蘭世界，最後讓歐洲陳腐的騎士方陣不堪一擊。

在成吉思汗的指揮調度下，蒙古帝國從未一次派出超過十萬人的大規模軍團，卻在二十五年的時間裡征服了比羅馬帝國四百年征戰所得還要廣闊的土地。他建立的帝國邊界從西伯利亞直達印度，從越南直達匈牙利，從朝鮮半島直到巴爾幹半島。蒙古帝國重新勾畫了世界版圖，把原來相互隔絕的帝國緊密聯繫在一起，為新世界、新時代的到來劃定了新的秩序。

現在的哈薩克斯坦、烏茲別克斯坦和吉爾吉斯斯坦等這些民族至今和蒙古族一樣尊成吉思汗為祖先。成吉思汗完成第一次西征後，又回來滅了党項族的西夏。成吉思汗的後代又兩次西征，一直打到今天義大利的威尼斯城和奧地利的維也納附近，並且在南俄草原建立了自己的基地。

第三次西征則打下了今天伊拉克的巴格達，敘利亞的大馬士格，最遠達巴勒斯坦的加沙。阿拉伯人都逃到埃及，從而使那裡成為今天阿拉伯的中心。最

後，蒙古揮軍席捲了僅存的南宋半壁江山。蒙古人在北京建元帝國時，在北京的元帝忽必烈（成吉思汗之孫）是蒙古大帝國名義上的「大可汗」。這個「大可汗」之大是我們今日所不能想像的。

客觀認知的蒙元文化

成吉思汗的功績在現在許多人看來是可以這樣表述的。

韓國前總統金大中說：「由於有了蒙古人，人類改變了歷史，而蒙古人倔強不拔、勇猛無敵的精神和機智敏捷的性格塑造出了偉大的成吉思汗……網路還未出現的七百年以前的蒙古人打通了世界各國的關係，建立了國際關係新秩序。」

法國東方史學家格魯塞說：「成吉思汗及其子孫幾乎將亞洲全部聯合起來，開闢了洲際的通道，便利了中國和波斯的接觸，以及基督教和遠東的接觸。……馬可波羅得到了釋迦牟尼，北京有了天主教總主教。」

著名元史專家韓儒林講過：「成吉思汗把東西交通大道上的此疆彼界掃除了，把阻礙經濟文化交流的堡壘削平了，於是東西方的交往開始頻繁，距離開始縮短了。」

智慧無雙，抗倭鬥士
「將儒」將軍戚繼光

「蓋自東南用兵以來，軍威未有如此之震，軍功未有如此之奇者。」

明代將軍譚綸

「戚少保南塘，武功將略，垂諸史冊。而偶為吟詠，亦超放自如，有鄭都官、羅江東筆致。」

清代宋長白《柳亭詩話》

「拔劍光寒倭寇膽，撥雲手指天心月。至於今，遺餅紀征東，民懷切。」

近代著名文學家郁達夫

戰神檔案

姓名	戚繼光	又字	元敬
年代	明代	民族	漢族
出生	西元1528年	卒年	西元1588年
特點	文武全才　治軍嚴明　剛正不阿		
相關人物	明世宗　明穆宗　張居正　倭寇		
戰神身世	出生將門，自幼深受父親薰陶及教誨，精通文武二道。並立志疆場，保國衛民。		
主要事件	◆嘉靖三十二年（1553）戚繼光被派往山東擔負海上防倭的重任。 ◆嘉靖三十八年（1559），戚繼光招募三千餘人，採用營、官、哨、隊四級編制方法編成新軍。並自創「鴛鴦陣」陣法。 ◆嘉靖四十年（1561），戚繼光率領所部在台州九戰九捷，取得舉世聞名的台州大捷。倭寇們稱戚繼光為「戚老虎」。 ◆嘉靖四十二年（1563），戚繼光與福建總兵俞大猷等人肅清福建和廣東沿海一帶的倭寇取得平海衛大捷。 ◆萬曆八年（1580）戚繼光發明地雷，比歐洲人早約三百年。		
傳世名言	封侯非我意，但願海波平！		

封侯非我意　但願海波平

　　戚繼光出生將門，深受父親的薰陶及教誨，深深瞭解身為武人所必備的文武二道。自小勤學苦練，立志疆場，保國衛民。面對猖狂的倭患，他深惡痛疾，曾揮筆寫下「封侯非我意，但願海波平」的名句。他所率領的部隊所到之處讓倭寇聞風喪膽，被時人譽為「足稱振古之名將，無愧萬里之長城。」

▲戚繼光像

戚父老來得子，取名「繼光」

　　人們常說：「有其父必有其子。」戚繼光的父親戚景通是一位正直、清廉的人，他對戚繼光的教育和影響可以說是讓戚繼光受用終生。戚景通，字世顯，他治軍嚴明、精通武藝，有著豐富的軍事知識，並且為官清廉，從不接受額外的饋贈，亦不對權貴阿諛奉承。

　　繼承襲職之後，曾被提升為都指揮和大寧府都指揮使等職，雖然平步青雲，但家境依然清貧。升任江南運糧把總後，人人視為肥缺，第一次運糧進太倉，按老規矩，運糧把總必須送禮給倉官，以免受倉官的刁難，戚景通寧可受刁難也不肯行賄，因而遭到罷黜。

　　戚繼光出生那年，戚景通已經五十六歲，老來得子，高興不已。戚繼光的名字就是寄託著父親的厚望。之所以取名繼光，是由於戚繼光出生之際，夜半的天空繁星閃光，第二天清晨，朝霞映照著魯橋，與房前的紅楓及蒼松輝映，戚景通便將這自然界的景象與這位初到人世男孩的未來聯想起來。「繼光」，是希望兒子成人之後能繼承光大先祖業績。

　　因此，對於戚繼光，戚景通施與嚴格的教育，從小就授其讀書、識字、習武，灌輸其為國盡忠之觀念。戚繼光的性格，最主要是受了其父的影響。戚繼

光深受父親的薰陶及教誨，深深瞭解身為武人所必備的文武二道。同時，在生活上其父對戚繼光的要求也十分嚴格。

戚父嚴以要求，授之文武

戚繼光九歲時便經常以泥土碎石為壘，削竹子為旗杆，以紙旗為號，指揮頗有條理。戚繼光十二歲時，戚景通裝修房子，命工人建四戶兩檻以作為新居。按規定將門之家可裝十二扇雕花門戶，因此工人跟戚繼光說：「公子可請為十二戶，以壯觀瞻。」

戚繼光聽了他的話後，就去問他的父親，沒想到反遭到父親的斥責：「爾小子何得貪營華屋，爾能立身守此，以奉祭祀，聚族於斯，使吾不得罪於先人，足矣！不然，即此四戶，亦將不保。」戚繼光聽後大吃一驚，忙問：「立身何在？」他父親說：「在讀書。讀書在識忠孝廉潔。否則，無用！」

還有一次，戚繼光穿著一雙很講究的絲履，馬上遭到戚景通一頓訓斥，指責他小小年紀便如此奢華，成人後豈不變本加厲，將來成為將官，豈不侵吞兵士糧餉。儘管事後明白那絲履是外祖父所贈，母親王氏要他穿的，但戚景通仍命之脫下。

嚴格的家教，使戚繼光自小養成良好的習慣，通曉經史大義。十六歲時，有鄉人見戚家生活困苦，就對戚繼光說：「你的父親能給你留下什麼呀？」事後戚景通知道後，把戚繼光叫到跟前問：「你信別人說的我沒有什麼可留給你的嗎？我所留給你的是讓你獻給皇上的，那可是巨大的財富啊！」

青少年時代，戚繼光並非在安逸中度過。十歲那年，母親王氏去世，家庭生活更加拮据；十七歲之時，戚景通深染重病，命戚繼光入京襲官。臨行時，父親對他說：「吾家產變賣，盡在於此，爾須慎用。」戚繼光看著病重的父親堅定的說：「我一定光大您老人家所留下的『財富』，怎麼敢輕易使用呢？」左鄰右舍都對這段對話感到驚訝不已。

「國士」之風，「將才」之道

嘉靖二十三年八月，戚景通去世了。第二年戚繼光世襲了登州指揮檢事後，展開了他的軍旅生涯。由於山東一帶在當時尚稱平靜，指揮檢事這一職務並無太多繁重之任務，戚繼光除了一般性的公務外，就是練兵、讀書。他想趁年輕之時，能有所作為。後來他考中了武舉，在京城這位二十三歲的有為青年，品德出眾，才華橫溢，當時已被人們稱為「國士」，由朝廷記錄為「將才」。許多朝臣期待他為國家建功立業。

戚繼光回去後升任都指揮僉事，負責山東沿海的禦倭防務。面對倭寇的橫行，戚繼光憤慨地賦詩說：「小築慚高枕，憂時舊有盟；呼樽來揖客，揮塵坐談兵。雲護牙籤滿，星含寶劍橫；封侯非我意，但願海波平。」

說到倭寇，他們其實是日本內戰中失敗的武士和一些失去生計的人。他們在元末明初駕著海盜船隻，在沿海地區進行搶掠。明朝初年，由於社會安定，海防鞏固，倭患尚未釀成大禍。明朝中期以後，特別是在嘉靖年間，隨著政治的腐敗，海防的鬆弛，倭寇的侵擾日漸猖獗。他們同明朝沿海奸商、海盜等相勾結，不時竄犯東南沿海，有時甚至闖入內地，燒殺淫掠，給人民帶來巨大的災難。

雖然倭寇此時已非常猖獗，勢力也不斷擴大，但翻開中華民族的歷史書卷，中華民族向來都是英雄輩出的，每當面臨民族危機的時刻，都會有時代的英雄挺身而出，以民族的大義來帶領民眾去反抗侵略和壓迫。這次的倭患同樣造就出了抗倭英雄戚繼光。倭寇聞其名後紛紛聞風喪膽，稱戚繼光為「戚虎」。

令敵人聞風喪膽的「戚家軍」

　　戚繼光被調往浙江任參將後，他針對沿海衛所廢弛、軍令難行、戰鬥力低的情況，在胡宗憲支持下，親去義烏等地招募礦夫、農民四千多人，訓練成著名的「戚家軍」。他針對倭寇創造了一種叫做「鴛鴦陣」的戰術，這種戰術就是將盾牌、長槍、叉、鈀、刀、棍等長短兵器相互配合，使其能各盡所長。經過嚴格的訓練，這支部隊很快成為英勇善戰的精銳之師，令倭寇聞風喪膽。

三箭震軍，重組「戚家軍」

　　嘉靖三十五年九月，倭寇進犯龍山，浙江幾路明軍共同前往抵禦。倭酋驕縱，根本不把明軍放在眼裡，他們兵分三路，在三個倭酋率領下，氣勢洶洶地衝上來。數量上遠遠超過敵人的明軍竟然抵擋不住，連連敗退。戚繼光見勢，忙跳上一塊高石，張弓放矢，一連三箭射倒三個倭寇，穩定了明軍陣腳，潰散的明軍重新集結，殺退了倭寇。

　　通過這次戰鬥，戚繼光深切感受到要平定倭寇，靠這支貪生怕死的軍隊是不行的，必須建立一支像「岳家軍」那樣訓練有素、紀律嚴明、盡忠報國的新軍。於是決心重新招募新兵，組成一支新的軍隊。嘉靖三十八年九月，戚繼光親自來到浙江義烏，以愛國大義號召當地群眾出山應募。當地鄉團也在戚繼光的感召下紛紛加入新軍。他在義烏共招募新軍四千多人，帶回紹興。

　　戚繼光的募兵原則是只收農民而不收城市居民。他認為來自市井的人都屬於狡猾無賴之徒。這種觀點，雖然有它的片面性，但從實際看，在城市中有固定職業的人是極少自願從軍的。士兵為社會所普遍輕視，其軍餉也相當微薄，城市中的應募者絕大多數只是把兵營當作解決食宿的救濟所，一有機會就想另謀高就。

　　這樣的士兵如何能指望其奮勇殺敵以至效死疆場？所以戚繼光訂立了一條

甄別應募者的奇特標準：凡屬臉色白皙、眼神輕靈、動作輕快的人一概拒之門外。因爲這種人幾乎全是來自城市的無業遊民，實屬害群之馬，一旦交鋒，不僅自己會臨陣脫逃，還會唆使周圍的人一起逃跑，以便一旦受到審判時可以嫁禍於這些言辭鈍拙的夥伴。

可見，戚繼光作爲軍隊的最高指揮者，確實對自己的軍隊進行了認眞的分析，用自己的獨到見解制訂出了獨特的徵兵條件。眞有點像現在導演選演員，個個都是精挑細選，每一個都得符合軍隊中不同的位置，能夠擔任自己的責任，這樣精挑細選出的「演員」，在這位教導有方的「導演」指揮下，定能上演一出驚天動地的好戲。

德才兼顧，打出聲威

戚繼光和他的「戚家軍」之所以能威振東南、流芳千古，從根本上來說，就在於他們具有良好的軍人素質和高尙的武德情操。

在徵得符合標準的士兵後，戚繼光首先是進行武德教育，以「岳家軍」爲榜樣，以「安國保民」爲宗旨；其次是陣法、戰術、武藝等武功訓練。從武德到武功，戚繼光都親自講授。

與此同時，戚繼光還對這支新軍進行嚴格的紀律訓練。他教諭士兵：「兵是殺賊的，賊是釘百姓的，百姓們豈不是要你們殺賊？」「你們在家，哪個不是種田的百姓？你肯思量在家種田時的苦楚艱難，即當思量今日食之不容易，又不用你耕種，養了一年，不過望你一二陣殺勝，你不殺賊保障他們，養你何用？」

對於違反軍紀，破壞軍規，損害百姓利益的行爲，不管是誰，他都嚴懲不貸。因此，凡部隊所到之處秋毫無犯，百姓「扶老攜幼，快睹威顏者道路充塞」，並「淅米而炊、掃榻以款，士卒如大賓貴客」，戚繼光的軍隊深受人民的擁護和愛戴，人們把他的軍隊稱爲「戚家軍」。

在軍事戰術上，戚繼光也是潛心鑽研的。他根據東南沿海地區多山水不

便長驅馳騁的地理條件，和倭寇長於設伏、衝鋒和短兵相接的戰術，創造出一種有名的「鴛鴦陣」；以十二人爲一隊，前一人是隊長，後面兩人執藤牌，兩人執狼筅（編按 狼筅，用長竹竿做柄的武器，前部留有密枝，梢部裝有利刃），四人持長槍，後二人是鎧鈀手兼火箭手，最後一人是伙夫。長短兵器迭用，刺衛兼顧，因敵因地變換陣形，屢敗倭寇。

戚繼光率這支重新歷練後的戚家軍在浙江先後取得高家樓、龍山、縉山、烏牛、松浦、鑒雲諸捷，使倭寇聞風喪膽，立刻扭轉了戰局。連當時妒功忌賢的兵部侍郎、浙江總督胡宗憲也稱這是「自有倭以來，未有若邇來數捷之痛快人心者」，誇讚戚繼光「勇冠三軍，身經百戰，累解桃諸之厄，屢扶海門之危」、「且任勞任怨，挺身幹事，誠無出其右者」。同僚們稱讚戚繼光「批亢搗虛，彼且畏之如虎；除凶雪恥，斯民望之如雲」「豈直當今之虎臣，實爲振古之名將。」

刀光血影戰台州

嘉靖四十年（1561）五月，一萬多名倭寇大舉進犯台州。戚繼光率領戚家軍，採取機動靈活的戰略戰術，運用偷襲、伏擊、快速

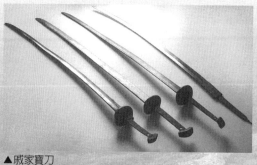

▲戚家寶刀

奔襲等戰法，打得倭寇暈頭轉向，不知所措。戚繼光率部九戰九捷，取得台州大捷。這場戰役殲敵六千餘人，使倭寇遭到致命打擊。從此倭寇們心驚膽戰、聞風喪膽，爲戚繼光取了個名字叫「戚老虎」。

巧識詭計，兵勝台州

　　嘉靖四十年（1561）五月，倭寇集結約一萬餘人，聚集於寧波、紹興以外海面，伺機入犯。倭寇知台州有備，聞風逃竄，繼而於十九日在奉化的西鳳嶺登陸，當晚進至寧海以北的團前進行大肆劫掠，企圖吸引明軍主力，爾後乘虛入犯台州。

　　戚繼光很快就識破了倭寇的詭計，自己於二十二日立即親率主力前往寧海，並進行了軍事部署：以一部守台州，一部守海門。戚家軍行軍迅速，到達寧海時，已開始燒殺擄掠的倭寇被扼住去路，雙方在龍山展開第一次決戰，倭寇大敗，流竄至雁門嶺。

　　雁門嶺在溫州以西，地勢顯要，倭寇憑險而守。第二次攻勢於是展開，在激烈的戰鬥結束後，戚家軍拿下了雁門嶺。在拿下雁門嶺的同時，另一股倭寇趁虛而入，向台州進攻，台州縣城岌岌可危，戚繼光立即率領在溫州的戚家軍回身增援台州縣城。

　　二十七日中午，戚家軍疾馳到達台州城下，倭寇亦進至距城兩里的花街。戚家軍將士奔馳七十里，亦來不及進餐，即投入戰鬥。倭寇以「一」字陣迎戰，戚繼光親臨前線督戰，令前鋒以火器輪番齊射，其他部隊遂乘勢衝鋒。一倭寇頭目左手持矛，右手操刀妄圖率兵反撲。戚繼光脫下所穿銀鎧說：「有能首梟此賊，即以此鎧酬之，為首功。」壯士朱玨應聲而出，揮臂直衝，迅速將此倭首殺死，又連殺七倭。

　　此時，倭寇故意將金銀財寶散落在地上欲吸引戚家軍撿拾，但由於戚家軍軍紀嚴明，沒有人會在戰鬥中撿拾金銀財寶，使得倭寇白費心機。戚家軍軍心奮勇，猛打直追，擊敵四十餘里，倭寇潰不成軍，戚家軍「五戰五勝」、「共斬首三百八十級，生擒巨酋二，俘其漂溺無算」。

　　同時，戚家軍還救出被擄民眾五千多人，而自己只陣亡三人。戚繼光部將陳大成、王如龍乘勝追擊，一路追殺到瓜陵江，將這一批倭寇全數殲滅。

　　這一戰打得相當漂亮，獲勝的主要原因在於高昂的士氣，且戚繼光指揮靈

活，戚家軍行軍迅速，出擊之時伙兵尚在做飯，全勝收兵之時飯恰好煮熟。真有點三國關羽大戰之後，回營酒尚溫的味道，真是大將的風範，灑脫，從容！

九戰九勝，平息倭寇

台州大捷之後，另一股倭寇的勢力又從圻州來襲台州，屯紮在城東的大田，戚繼光認為這是一個消滅倭寇的機會，立刻集結一千五百人進擊大田，但倭寇堅守不出，又逢大雨，未能交鋒。

後來，倭寇眼見台州已有防備，便於戚家軍到達的第三天，抄小路走仙居，準備進攻處州。戚繼光早已預料倭寇必定會取道上峰嶺，便派一部於上峰嶺設伏，再派一支小部隊尾隨倭寇；戚繼光為了避免伏兵暴露，令士兵每人手持松枝一束，遮蔽身體。

倭寇首領先登上峰嶺，眼見四周都是蒼松，不見有兵，遂命其餘倭寇過嶺。等待倭寇部隊通過一半，忽然炮聲一響，戚家軍自山坡上衝出，頃刻間倭寇跌落山谷者、被殺死者不計其數。戚繼光不僅有戰神關羽當年的風采，而且料事如神的智慧也可以與當年的軍師諸葛亮相匹敵。

經由這幾次的戰鬥，浙江的倭寇主力幾近消滅殆盡，被殺死者、溺死者多達五、六千人，其餘倭寇聞風喪膽，紛紛逃散。台州戰役之後，浙東倭患大大減輕。是年五月，自寧海逃跑的倭寇聚眾三千多人在長沙（今溫嶺東南）登陸。戚繼光水陸並進，於二十日突襲倭寇。倭寇大部被殲，只有三百餘人乘船逃跑，後被戚繼光所遣水軍消滅。此戰繳獲兵器三千二百四十件、船隻十一艘，解救百姓一千二百餘人。

此時，總兵官盧鏜、參將牛天錫也在寧波、溫州一帶大敗倭寇。戚家軍威名遠揚，倭寇聞聲無不驚懼潰逃。同時，由於戚繼光抗倭有功，被升任都指揮使，並又新募兵士三千名，使戚家軍增加到六千名。有了這樣一支軍隊，浙江的海防更加鞏固了，倭寇們心驚膽戰，為戚繼光取了個名字叫「戚老虎」，並驚嘆：「戚虎來矣！今而後始知犯華之不利也。」浙東倭患也即告平息了。

智勇並施　掃平倭患

▲怒視倭寇

在蕩平倭寇的最後幾年中，戚繼光因為戰功卓越，升任為都指揮使。與此同時，倭寇變得更加的狡猾而且行蹤飄忽，針對這些情況戚繼光用他的智慧創造了對付倭寇的獨特戰術和陣法，他率領他的戚家軍在福建境內一次次挫敗試圖反撲的倭患，直至完全蕩平東南沿海的倭寇。這其中更讓我們再一次領略到戚繼光文武兼備的風采，尤其是那些變幻莫測的計謀。真不愧「一代儒將」的美名。

入閩繳寇，巧破淺灘

西元1562年戚繼光被調往福建平倭。這一年的農曆七月，他率領六千戚家軍，從溫州的平陽披荊斬棘，穿越三百里的偏僻小路，進入福建。侵擾福建的倭寇，主要集中在橫嶼、牛田和林墩三個據點。橫嶼是倭寇的大本營，而倭寇的頭目則在林墩紮營。

八月，戚繼光決計先破橫嶼，再乘勝破牛田，最後搗毀林墩的寇巢。橫嶼是寧德縣城東北的一個小島，離岸十里，四面皆水路險隘，島上建有木城，周圍還構築許多堅固的防禦工事，一千多名倭寇結營於此，憑險據守。附近的寧德、福清還有一萬多名倭寇，他們互相應援，很難對付。

戚繼光先命張諫、張岳在橫嶼西、北陸上佈陣，防止倭寇上岸；又命張漢水師在橫嶼東部海面遊弋，防止倭寇從海上逃竄；同時，戚繼光採用「消枝弱幹」的辦法，先發兵進攻橫嶼對岸的張灣，並張貼告示實行招撫，迫使一千多

名倭寇的脅從分子繳械投降。

接著戚繼光揮師東進，直攻橫嶼。從海岸到橫嶼，中間連著一處淺灘，漲潮時灘沒水中，一片汪洋，落潮時水退灘出，又是一片泥濘，極難通過。但這些對於勤於動腦、善於創造的戚繼光來說是不算什麼的。經過研究，戚繼光想出了一個好辦法來克服這種特殊的環境。

一個清晨，戚繼光命令士卒每人背一捆草，把草鋪在淤泥上匍匐前進，每個士兵都帶上草束，乘著落潮，鋪在泥灘上，匍匐前進，這樣他們就順利的渡過了這片泥濘的淺灘。戚家軍奮勇衝上小島後，有的施放鳥銃（編按鳥銃，武器名。使用於明代，管以銅鐵鑄成，上有梟形，可用以瞄準。裝上火藥，殺傷力強），有的挽弓射箭，有的投擲標槍，有的揮舞狼筅、腰刀，同倭寇展開了肉搏戰，不到半天工夫，橫嶼倭寇被殲無遺。

麻痺敵人，奇襲杞店

中秋過後，戚繼光又率領軍隊南下福清，直指牛田。牛田在福清縣城東南三十里，靠近海邊。它與周圍的杞店、上薛、西林、木嶺、新塘等據點連成一氣，絡繹三十多里，勢若長蛇。面對這種局面，為了麻痺敵人，戚繼光又游刃有餘的運用起了兵法戰術。

戚繼光有意地當眾聲言：「我軍遠道而來，需要先休整一些日子，養精蓄銳，再待機而動，不是朝夕之間就能出師擊敵的。」倭寇打聽到這個消息，果然毫不戒備。可是就在第二天晚上，乘著天黑沒有月亮，戚家軍悄悄地從錦屏山開拔，快速奔襲杞店，將熟睡的倭寇斬殺殆盡。

接著，他們回師錦屏山，見有一隊倭寇前來襲營，又設下埋伏，把敵人全部消滅了。然後，戚家軍乘勝出擊牛田、上薛等地的倭巢，戚家軍喊聲如雷、氣勢如虹。斬殺、俘虜了大批倭寇，殘餘倭寇紛紛向興化（今福建莆田縣）逃竄。

身處險境，鎮定自若

戚家軍在福清稍加休整，九月中旬又開始了新一輪的進攻，向興化府城挺進，準備攻取城東二十里的林墩。戚繼光是一個極具智慧且善於用兵的將領。入城後，戚繼光表面上閉口不談戰事，從容的拜客、赴宴，暗地裡卻佈置士兵，抓緊時間休息，準備隨時出擊。

到了半夜，他發出命令，搖響銅鈴，把軍隊迅速集合起來，悄悄地開出城外，準備對林墩進行一次夜襲。不料，嚮導是個通敵分子，把他們引到一條溪水縱橫、泥濘遍地的小道上。等他們逼近林墩，東方已經發白，他們的行動就被倭寇察覺了。倭寇馬上進入防禦工事，佈置防守，並出動部分人馬繞到戚家軍的背後，兩面夾攻。戚家軍腹背受敵，處境險惡，一時陣腳大亂，士兵紛紛往後退縮。

在這千鈞一髮之際，戚繼光站在路口，鎮定自若地發出進攻號令，並手刃退縮的十四名部下，以嚴肅軍紀。將士又鼓起百倍的勇氣，奮力往前衝殺。倭寇漸漸支援不住，四散潰逃。戚家軍連克敵人六十餘營，斬殺倭寇九百六十人，活捉倭寇大小頭目十三人，還有一千多名倭寇在潰逃時落水淹死。天明，興化府城的居民扶老攜幼，殺牛備酒，出城十多里，夾道歡迎凱旋而歸的戚家軍。

建祠築像，蕩平倭患

戚繼光勝利完成了既定的戰略計畫，率師返回浙江休整待命。路過福州的時候，當地父老在于山的平遠台特地設下了酒宴，為他們慶功、餞行。在歡樂的鑼鼓聲中，戚繼光率領著部下將領，通過了夾道歡迎的人群，踏著山石的小徑登上了平遠台。

他接過當地長官獻上的美酒，一飲而盡，然後拱手作揖，感謝福建百姓對他們的支持和援助。為了紀念戚繼光的豐功偉績，福建人民後來就在于山的平遠台建起了一座戚公祠，在祠堂的大廳中塑了一尊戚繼光像。

西元1936年，著名文學家郁達夫遊覽于山，緬懷這位民族英雄的光輝業績，寫了一首〈滿江紅〉的詞，詞中寫道：「拔劍光寒倭寇膽，撥雲手指天心月。至於今，遺餅紀征東，民懷切。」這首詞，現在就鑴刻在戚公祠的旁邊，供遊人吟誦。

戚家軍返回浙江之後，倭寇收集殘兵敗卒，又攻佔興化府，佔據平海衛（在興化東南），繼續殘害福建的老百姓。西元1563年，戚繼光再度帶領戚家軍入閩。第二年，他們在當地軍民的密切配合下，徹底剿滅了福建的倭寇。接著，又與另一名抗倭將領俞大猷，協同作戰，共同殲滅了廣東的倭寇。經過十幾年的戰鬥，東南沿海的倭患，終於被掃除了。

文武兼資　將帥詩人

戚繼光將軍無論是軍事才能還是高尚品格，都留給後人非常深刻的印象，更留給後人相當豐富而寶貴的財富。後人不免要讚嘆，讚嘆他這麼一位將領，讚嘆他的那些戰法、陣法，更讚嘆他在文學上的高深造詣⋯⋯總之，他帶給後人太多的讚嘆！

▲紀效新書

戎馬一生，頗多建樹

戚繼光在四十多年的戎馬生涯中可以說是：「一年三百六十日，多是橫戈馬上行」，或在東南沿海掃滅倭寇，廓清海疆；或在北方練兵禦邊，使薊門安然。堪稱一代愛國名將。他智勇兼備、多謀善斷，練兵有方。指揮戚家軍「飆發電舉，屢摧大寇」，甚至還出現過殲敵上千人，而「戚家軍」卻無一人陣亡的罕例，被譽為「古來少有的一位常勝將軍」。

他不僅戰功卓著，而且在軍事理論上頗有建樹，著有《紀效新書》、《蒞

戎要略》、《練兵實紀》等幾部兵書，其中，《紀效新書》、《練兵實紀》為古代十大兵書中的兩部，在古代軍事思想史上佔有重要地位，被後世兵家所推崇。

精於巧思，善於創新

戚繼光的精於巧思，善於研製新兵器、創新戰具，在軍事的歷史上也是出了名的。為軍事兵器的發展做出了巨大貢獻。

他在出任參將鎮守寧、紹、台三府之時，有鑒於倭寇習慣持倭刀近身肉搏，因此研製出一種以長制短的武器，也就是先前所提及的「狼筅」。他利用浙江遍地隨手可得之毛竹，選用節密支堅的大毛竹的上半截，長約一丈五六尺，先將竹頭削尖如利刃，旁邊留用九至十一枝小竹叉製成。形狀似掃帚的「狼筅」，妙用在於以長制短，既可以抵擋倭寇的短刀，也可以刺敵致命，即使倭寇刀法純熟，也莫可奈何。因此，戚繼光稱此兵器為「行伍之藩籬，一軍之門戶」。

戚繼光在平倭時期還發明了一種虎蹲炮。底盤有鐵釘，可抓牢地面從而減少後坐力、提高命中率。一炮能打出百發炮彈，是實施高密度、大面積打擊的利器。而且該炮體積輕巧、機動力強，對潛進山區的倭寇作戰成效顯著。

戚繼光所創的戰車部隊在當時也是讓敵人聞風喪膽的。戚繼光鎮守北疆薊鎮（今河北遷西縣西北）練兵時，編練的水軍營、步營、騎營、車營、輜重營使用槍炮等火器的士兵已佔編制總數的百分之五十左右。其創建的車騎營中的戰車部隊，簡直就是類似於現在裝甲戰車部隊。

其中車營編官兵三千一百餘名，佛郎機炮（編按佛郎機炮，槍炮。明代槍炮多購自葡萄牙、西班牙，故稱）二百五十六門，大將軍（重型大口徑火炮）八門；每車營有戰車一百二十八輛，每輛戰車配有佛郎機兩門、鳥銃四杆、火箭手四人，平均每十二名士兵裝備一門火炮，臨戰之時火槍輪番射擊可以終日不停；騎營編官兵約二千七百名，裝備有六十門虎蹲炮。

戚繼光不僅對陸戰有很深的造詣，而且對海戰也十分精通。由於倭寇橫行東南沿海，因此戚繼光依據海上作戰的實際需要，對明代水師原有的裝備做了改良，建造出適合海戰需要的新戰船，稱為「艟衝」。

這種新式戰船較原先的「福船」、「海滄」船體輕、吃水也較淺，無論在淺海或是深海作戰，都能來去自如，行駛敏捷。尤其在風小勢逆的情況下，更明顯優於原先的「福船」和「海滄」。由於倭寇並不善於水戰，因此利用這種輕便的戰船追擊倭寇，具有較強的海上攻擊能力。

原先的戰船都是在福建製造的，戚繼光到了浙江之後，依據海防及節省軍費的需要，親自督造戰船，編制戚家軍水師，在海上屢屢打敗倭寇。

在建造防禦攻勢上戚繼光也有他自己獨到的見解。在嘉靖三十八年（1559）桃渚之戰後，戚繼光又在桃渚城東西兩角設了兩座空心敵台，為其後來在北邊長城大規模建造敵台積累了經驗。戚繼光對台州城防的不斷整修，也為他在鎮守薊北時全面改造和整治明長城奠定了良好的基礎。

著名學者羅哲文先生稱：「現在北京八達嶺、慕田峪、司馬台、古北口，天津黃崖關，河北山海關附近的老龍頭、角山等處長城的雄姿，均是經戚繼光改進之後留下來的。可以說，臨海古城土牆堪稱北京八達嶺等處長城的示範和藍本。」

是將軍更是詩人

戚繼光是一位愛國將領，是一位軍事家，又是一位詩人。戚繼光的文學修養很高，詩作在當時便很有名氣，被譽為文武兼資的「儒將」。《列朝詩集》評論說：「少保少折節為儒，通曉經術，攜手徒步，人莫知為故將軍也。少保綏靖閩浙，功在東南，生平方略，欲自見西北者，十未展一二。故其詩多感激用壯、抑塞憤張之詞，君子讀而悲其志焉。」

《柳亭詩話》云：「戚少保南塘，武功將略，垂諸史冊。而偶為吟詠，亦超放自如，有鄭都官、羅江東筆致。」

戚繼光的一生還創作了不少詩歌，現存二百五十首左右，著有詩文集《止止堂集》。這些詩作大多與他的軍事生涯有關。這就是戚繼光把自己的詩歌總名為《橫槊稿》的本意。「詩言志」，可以說在戚繼光的作品中得到完美的體現。

戚繼光在沿海抗倭時期創作的詩歌在五十首左右，在台州創作的詩歌也不下三十餘首。如〈登巾山〉：「春城東去海氛稀，城畔人行繞翠微。山麓高樓開重鎮，轅門曉角起晴暉。九天雲氣三台近，百里江聲一鳥飛。極目蒼茫憶明主，吳鉤高接斗牛輝。」

為了鼓舞將士們的抗倭士氣，他特地創作了一首題為〈凱歌〉的軍歌，配上軍樂，並親自教授：「萬人一心兮，太山可撼。惟忠與義兮，氣沖斗牛。主將親我兮，勝如父母。干犯軍法兮，身不自由。號令明兮，賞罰信。越水火兮，敢遲留！上報天子兮，下救黔首。殺盡倭奴兮，覓個封侯。」

這不是一首簡單的軍歌，而是一聲鼓舞鬥志的號角，是凝聚的戚家軍軍魂。誠如戚繼光自己所云：「一唱三和，聲震林木，興逸起舞，上下同情，抵掌待旦，浩然南征。」

驅逐荷軍，勇往直前
史詩英雄鄭成功

「四鎮多二心兩島屯師敢向東南爭半壁，諸王無寸土
一隅抗志方知海外有孤忠。」

清朝皇帝康熙

「以忠義自誓，嚴治軍旅，推心置腹，臨事身先；
計策已決，賞罰無私，仇親兼用。噫！亦可為人傑
哉！」

江日昇《台灣外紀》

戰神檔案

姓名	鄭成功	又字	明儼
年代	明代	民族	漢族
出生	西元1624年	卒年	西元1662年
特點	忠貞剛毅		
相關人物	隆武帝　永曆帝　順治帝　荷軍		
戰神身世	生於海上商人家庭的鄭成功有著比他父親更加寬廣而遠大的胸懷和志向。		
主要事件	◆西元1645年，二十一歲的鄭成功受隆武帝的召見，賜他國姓（朱），改名「成功」，因此中外尊稱爲「國姓爺」。 ◆西元1659年，鄭成功率水師十餘萬北上，經舟山溯長江，連克瓜州、鎮江等城。 ◆西元1661年4月，鄭成功親率戰艦一百二十艘，將士二千五百人，在金門料羅灣誓師東進收復台灣。 ◆西元1662年2月1日，在鄭成功的強大攻勢下，荷軍被迫投降，離開佔領長達三十八年之久的台灣。		
傳世名言	然台灣者……久爲貴國所據，今吾既來索還，該土地自當歸我。		

背父報國　投筆從戎

▲鄭成功像

大江東去千萬年，多少風流人物被風吹浪淘盡。然而，有一位英雄的名字，非但沒有褪色，反而在時光的推移中愈發光彩奪目。他就是享譽中外的歷史人物鄭成功。鄭成功不一般的身世造就出他堅貞、大義的性格，成就他可歌可泣的英雄業績，書寫「精忠報國」的壯麗人生。

胸中懷大志，勤學悟修真

鄭成功原名鄭森，他的祖籍是福建南安石井鄉。他的父親鄭芝龍原是商人，明朝天啟三年（1623），鄭芝龍到日本經商，受到平戶藩主的熱情關照，還迎娶了當地姑娘為妻。

西元1624年8月27日，鄭芝龍的妻子，在海邊拾貝殼，忽然一陣腹痛，就倚著海邊一塊巨石生下一個男孩，這就是鄭成功。這塊石頭現在被當地人稱作「兒誕石」。鄭芝龍在鄭森出世不到一個月就隨原船離開了日本。直到七歲回到福建前，鄭森都是跟隨母親在日本生活的。

回到國後鄭森在安平（今晉江安海鎮）上學，他從小立大志，不斷進取，闖書山、潛學海，特別是精心攻讀歷史名篇《春秋》、《孫子兵法》。少年英俊，好騎射舞劍，文韜武略，風采耀人。十一歲時就能寫讀書感慨，弘文展志，如文中的「湯武征誅，應對灑掃也」，「堯舜之禪讓進退也」。其叔鄭鴻逵讚為「鄭家的千里駒」。鄭森讀書悟真，努力進取，學業提升。

西元1638年鄭森考入南安縣學，中秀才。西元1644年進南京太學，拜鴻儒錢謙益為師。有一次錢謙益問他：「什麼叫『灑掃應對』？」他回答說：「湯

武革命，就是灑掃；堯舜禪讓，就是應對。」錢謙益認為他的比喻奇妙，才華橫溢，並稱讚「此人英物，非人所比」，即為鄭森取號「大木」，寓意為國家棟樑之才。

隆武賜國姓，丹心匡國難

西元1645年，朱聿鍵在福州即位，年號「隆武」。當時鄭成功的父親鄭芝龍掌握軍政大權，卻暗中通敵叛變，「密遣親吏到師納款」。在忠貞愛國和傳統儒家教育環境下成長起來的鄭森與他的海盜父親自然在思想上是有著天壤之別的。

六月，鄭森隨其父鄭芝龍朝見隆武帝，帝見其少年英俊，便與其談論天下大事，鄭成功應對自如，論述精闢。他說：「翻開史冊，有了明鏡，國家朝政衰敗，大多是由於營私舞弊的奸邪之徒竊取弄權，殘害忠良，喪失人心，以致毀棄河山！天下興亡，匹夫有責，熱血男兒，誰能旁觀！岳少保（岳飛）說過『只要文官不愛錢，武將不怕死，則天真安矣！』這是最重要的。」

又論述：「勵精圖治，要集結各路義師，派重兵把守仙霞關等險要門戶，收復失地。」隆武帝聽了甚喜，說：「素聞鄭家有匹千里駒，果然名不虛傳」，又撫其背曰：「惜朕無一女配卿，卿當盡忠吾家無相忘也。」即欽賜鄭森為國姓朱，改名為成功，並封「忠孝伯」，領御營中軍都督，賜尚方寶劍，儀同附馬。民間稱鄭成功為國姓爺。自此之後，鄭成功碧海丹心，鼎力匡國，走上反清復明道路。

鄭成功，提筆揭竿，精忠匡國難。矢志招納義士，從者千萬兵，縱橫海上。清廷大驚，命大臣詔爵鄭成功海澄公，鄭芝龍為同安侯，鄭鴻逵為奉化伯，鄭芝豹為右都督。鄭成功和鄭鴻逵寧死不奉詔。

背親行大義，一領延平郡

　　西元1646年，清軍打過錢塘江，消滅了魯王政權，魯王逃到海上。清軍隨即大舉進攻福建。鄭芝龍本可以依靠福建山區的複雜地形抵抗滿洲馬隊，但是，關鍵時刻，他的海盜本性發作，在他眼裡，什麼忠君愛國都是虛的，只有他的家族才是最重要的。

　　於是他開始和清軍聯絡，準備降清。隆武帝只好坐以待斃。在儒家教育下長大的鄭成功對鄭芝龍的所作所為十分氣憤，他晉見隆武帝，遞上破敵條陳，隆武帝轉憂為喜，封為都督。

　　隆武政權失敗後，西元1647年11月18日，明朝的佳王朱由榔於廣西肇慶即位，稱永曆元年。鄭成功奉永曆正朔，為「招討大將軍」。年僅二十三歲的鄭成功憤起反抗清王朝的民族壓迫政策，他在南安縣學（豐州）焚毀儒服、投筆從戎，以「招討大將軍」的名義，在安平、浯州（金門）一帶誓師抗清，擁戴南明的永曆政權。

　　剛開始的時候，鄭成功兵少糧缺，只遊蕩於廈門海域。逐漸逃散各地的鄭芝龍舊部紛紛投來；部分不願隨鄭芝龍投清的將士，見鄭成功血剛氣強、大義超群，亦前往歸附，成為一支聲勢浩大的軍隊。有陸軍七十二鎮，水師二十鎮，戰士十多萬，戰船五千艘。

　　西元1650年鄭成功率師在金門、廈門、石井等地與清抗衡。清廷懼怕萬分。千方百計利用鄭芝龍與鄭成功的父子關係，對鄭芝龍進行威懾，企圖使鄭成功投降。然而，鄭成功忠貞不渝，與其父陳詞：「父誤在前，兒豈誤於後？我在本朝，既賜姓矣，稱藩矣，人臣之位已極，此可謂智者道耳」、「若苟且作事，亦貽笑天下後世矣」、「吾父見貝勒時，已入彀中，其得全今大幸也，萬一吾父不幸，天也，命也！兒只有縞素復仇，以結忠孝之局耳。」

　　鄭成功忠貞報國的決心甚得永曆帝讚賞。明永曆十二年（1658），永曆帝派人到思明州（今廈門）冊封鄭成功為「延平郡王」，及明部將甘輝為「崇明伯」，萬禮為「建安伯」等，軍威大振，一領延平郡。

奪取金、廈　再立根基

鄭成功率部堅持抗清十餘年，成為南明軍中的一支主力。後經養精蓄銳，軍力大增，達到鼎盛時期。但南京之戰以強擊弱，將士普遍產生了驕傲情緒，輕信清軍的卑辭，終而未能一舉破敵，給了清軍可乘之機。喪失了光復大業的最佳良機。

揮師北伐，直逼南京

西元1658年3月，鄭成功兵力漸漸強大起來，在廈門建立了一支水師。當時，西南地區的抗清主力大西軍內訌之後，力量很弱，很難頂得住清軍的大舉進攻。他跟抗清將領張煌言聯合起來，乘海船率領水軍十七萬人於五月開進長江，六月克鎮江等地，七月逼南京。

▲鄭成功手書

鄭成功信心百倍，遙望著鍾山龍盤虎踞的雄偉氣勢，賦詩一首曰：「縞素臨江誓滅胡，雄兵百萬氣吞吳，試看天塹投鞭渡，不信中原不姓朱。」詩言志，完全表現了鄭成功克敵制勝，恢復明朝的願望和決心。大江南北為之震動，當地人民紛紛響應，聞風歸附。

此時，南京城內清軍只有清兩江總督郎延佐上書朝廷求救，一面聽從部下的緩兵之計，派遣特使以卑辭向鄭成功求情。聲稱：「清朝有法，守城過三十日者，城失罪不及妻孥。乞求鄭成功寬限開門投降日期。」鄭成功輕信了清軍之言，拒絕部將的勸諫，令各部人馬按兵不動，只等清軍到時投降。鄭軍上下聞訊，以為南京指日可待，逐漸鬆懈了戰備和鬥志。清軍乘機調入各州府的兵馬，從南京東南門入城，使清軍在城內的實力大為加強。

防備鬆懈，清軍反撲

七月二十日夜，清軍梁化鳳乘鄭軍防備鬆懈，以鄭軍一降兵為嚮導，率五百騎出神策門，突襲鄭軍獅子山營寨。鄭軍官兵尚不及披甲，清軍已衝殺至前。鄭軍無力抵抗，四下潰逃。梁化鳳乘勝追擊，連破兩座營寨，俘虜鄭軍統領余新，殺副將二人。待鄭軍主力聞警趕到，梁化鳳已撤回城內。

當晚，鄭成功調集一部兵力移營神策門外白土山下，以主力在白土山中設伏待敵，將大本營移到幕府山，準備在此迎接出城清軍。次日清晨，梁化鳳率精銳騎兵，乘鄭軍倉促之時，突然向神策門鄭軍發起攻擊。鄭軍奮力迎戰，終因猝不及防而敗去，部將陳鵬、萬淥聞訊率部馳援，被山上突襲而下的梁化鳳部騎兵所擊潰。

與此同時，清軍江寧總管客客木率一部兵力由儀鳳門繞到幕府山後夾擊鄭成功大本營。鄭軍部將陳魁見清軍圍攻大本營，急馳赴援，半路被清軍以勁弩射殺，所部也被擊潰。鄭成功在幕府山見戰事失利，急駕小船，去調水師增援。恰值江水退落，水兵所乘戰船無法靠岸。鄭成功在江中眼看兩軍相戰，戰局直轉而下，卻無能為力。

自鄭成功離開，鄭軍失去大本營指揮，不知如何行動，只好各自為戰，原地固守。清軍加緊攻擊，各個擊破。鄭成功在船山見敗局已定，只好率船隊撤往鎮江，然後出長江返回廈門。張煌言正在攻打銅陵，忽聞鄭成功敗訊，欲順流與鄭成功合兵，不料清軍水師在南京封鎖了歸路，只好從陸路經浙東轉回舟山。張煌言與此同時也因孤軍無援，為清軍所敗。

連戰連捷，立足金廈

西元1660年（清順治十七年）3月清廷認為鄭成功銳氣受挫，元氣大傷，必定無力交鋒，即派達素率師入福建，會同總督李率泰，集閩粵江浙之清兵，夾攻思明州。

鄭成功北伐失利後，總結經驗教訓，預料清兵必定乘勝南襲，即一面調兵

遺將進行整編，操練將士，一面徵集糧餉，修造船隻，製造武器彈藥，並嚴律士兵，以待再戰。這次交鋒，鄭成功命一路將士出梧州抵制廣東清兵，派右虎衛陳鵬督諸部守高崎，遏制同安的清兵。

這次鄭成功佈陣嚴密，並身先士卒，將士們同心協力，接連取得海門、高崎大捷。在海門戰役中殲敵一千六百餘人。清兵大敗，清統領哈喇土星被俘。清將達素如驚弓之鳥，倉惶逃回福州，鄭成功軍威大振，以金門、廈門為征戰根據地。

血戰台海　馬踏荷軍

鄭成功兒時曾親眼看到台灣百姓遭受荷蘭人的欺負，後來，當他再次面對被荷軍佔領已達三十八年之久的台灣時，便決心要為百姓驅逐荷軍。

堅定收復，準備出征

十七世紀初，歐洲殖民主義者荷蘭人趁明王朝腐敗無能，於西元1624年起佔領台灣達三十八年之久。他們修建城堡，專事魚肉百姓，每年徵收「人頭稅」、「礦物稅」、「鹽稅」等，還從台灣運回糧食、蔗糖等幾十萬噸，又騷擾福建、廣東沿海，百姓陷入水深火熱之中，禍害匪淺，台灣人民不斷反抗，遭到了荷蘭侵略軍的鎮壓。

鄭成功少年時期就跟隨他父親到過台灣，親眼看到台灣人民遭受的苦難，早就想收復台灣。恰好在這時候，有一個在荷蘭軍隊裡當過翻譯的何廷斌，趕到廈門見鄭成功，勸鄭成功收復台灣。他說，台灣人民受侵略軍欺侮壓迫，早就想反抗了。只要大軍一到，一定能夠把敵人趕走。何廷斌還送給鄭成功一張台灣地圖，把荷蘭侵略軍的軍事佈置都告訴了鄭成功。鄭成功有了這個可靠的情報，就更有信心了。

隨後，鄭成功在廈門召開軍事會議，決計收復台灣爲根本之地，下令整修船隻，收集糧草，調整部署，加緊復台準備。

強渡台海，兵臨城下

西元1661年3月，鄭成功要他兒子鄭經帶領一部分軍隊留守廈門，自己親率二萬五千名將士，分乘幾百艘戰船，由原荷蘭翻譯何廷斌和熟悉航路的漁民引導，自金門料羅灣浩浩蕩蕩出發，橫渡台灣海峽。這時候，有些將士聽說西洋人的大炮厲害，有點害怕。鄭成功把自己乘坐的戰船排在前面，鼓勵將士說：「荷蘭人的紅毛火炮沒什麼可怕，你們只要跟著我的船前進就是。」

荷蘭侵略軍聽說鄭軍要進攻台灣，十分驚慌。他們把軍隊集中在台灣東平地區和赤嵌（在今台南地區）兩座城堡，還在港口沉了好多破船，想阻擋鄭成功的船隊登岸。

鄭成功率船隊出發後的第二天，大軍到達澎湖，恰巧遇上大風，戰船數日不得行。鄭成功非常著急，並且見久駐則乏糧，又恐此風無期。隨後，於3月30日晚告令諸將「冰堅可渡，天意有在」，傳令開船。

4月1日清晨，討伐軍抵達台灣，並於當日乘著漲潮之機，衝過被稱爲「鐵板關」的鹿耳門，直抵赤嵌城下。本來，荷蘭侵略者以爲鹿耳門水淺，大船難進，鄭成功的軍隊在何廷斌的導引下，利用海水漲潮的時機，突然兵臨城下，荷蘭侵略者見狀驚叫「兵自天降」，慌恐之狀可想而知。

強攻巧佔，解放赤嵌

台灣人民聽到鄭軍來到，成群結隊推著小車，提水端茶，迎接親人。躲在城堡裡的荷蘭侵略軍頭目氣色敗壞地派了一百多個兵士衝來，鄭成功一聲號令，把敵軍緊緊圍住，殺了一個敵將，敵兵也潰散了。

侵略軍又調動一艘最大的軍艦「赫克托號」，張牙舞爪地開了過來，阻止鄭軍的船隻繼續登岸。鄭成功沉著鎮定，指揮他的六十艘戰船把「赫克托號」

圍住。鄭軍的戰船小，行動靈活。鄭成功號令一下，六十多隻戰船一齊發炮，「赫克托號」中彈起火。大火熊熊燃燒，把海面照得通紅。「赫克托號」漸漸沉沒下去，還有三艘荷蘭船一看形勢不妙，嚇得掉頭就逃。

荷蘭侵略軍遭到慘敗，赤嵌的敵軍便躲進城內，閉而不戰。這樣，鄭成功的軍隊就把整個城圍得水泄不通。荷蘭人見此狀，覺不是長久之計，於是他們一面偷偷派人到巴達維亞（今爪哇）去搬救兵，一面派使者到鄭軍大營求和，並寧願獻上十萬兩白銀慰勞將士。

荷蘭人很快收到鄭成功的回信：「然台灣者……久為貴國所據，今吾既來索還，該土地自當歸我。」並且表示，如果願意投降，則生命財產安全將受到保障；否則，到那時必土崩瓦解、玉石俱焚，悔之晚矣！鄭成功的信明確表示，荷蘭殖民者只有投降一條路。

5月3日，荷蘭使者祕書韋恩‧利普倫和檢察官伍德‧豪斯威爾，來到鄭成功大營，提出願意支付一筆賠款給鄭成功，但鄭成功必須退出台灣；荷蘭人可以退出台灣，但必須繼續居住大員。鄭成功在領土和主權問題上沒有做交易，再次明確堅持要麼荷蘭人全部撤離台灣，不然就武力解決。

荷蘭殖民當局見談判沒有成果，被迫於西元1661年5月4日交出已經被圍得水泄不通的城池，以保在台灣的最後一個據點——熱蘭遮城。

長遠打算，屯墾開發

收復赤嵌城後，鄭成功的大軍開進大員市區。揆一在決定撤出大員市區的同時，下令上尉哈豪維爾拆除裝在市區的四座大炮，把市區的所有荷蘭人遷往熱蘭遮城中，同時燒毀工廠、作坊、貨棧、糧倉。

面對荷蘭人的暴行，鄭成功率軍突襲哈豪維爾的營地，以斷敵人的退路。荷蘭方面在鄭軍的進攻之下，數百名荷軍和奴僕被殺被傷，哈豪維爾帶著殘餘軍隊，殺開一條血路逃入熱蘭遮城，放火焚城計畫失敗，鄭軍在民眾的歡迎之中，進入大員城。

台灣作戰勝利之時，並迎接從廈門趕來的後續部隊，兩軍會師，鄭軍信心大增，民眾歡欣鼓舞。

勝利在望的鄭成功開始實施長期固守計畫，在佔領區設立行政管理系統。最高行政機構為承天府，後改為台灣府，府治設在赤嵌樓；分為東安、西安、宋南、鎮北四坊；由楊朝棟為承天府府尹。北路天興縣，南至新港溪，北至雞籠，縣治設在大目降和新港之間（今新市鄉），由莊文烈為知縣。南路為萬年縣，縣治設於二贊行（今台南縣仁德鄉二行村），由祝敬任知縣。

同時，鄭成功出於長遠考慮，同時出於解決糧草供應和長期包圍熱蘭遮城、把台灣建成軍事基地的需要，決定實施「寓兵於農計劃」。除了包圍熱蘭遮城的部隊外，其餘軍隊奔赴大員南北進行屯墾；同時，也從閩粵沿海地區招募移民，開發土地。鄭成功的軍事屯墾和移民政策，形成新一波的開發熱潮。

振臂高呼　回蕩熱蘭遮

從西元1661年2月1日至西元1662年2月1日荷督投降整整一年。鄭成功帶領全軍將士和島內居民，經歷苦戰，驚天動地，結束了荷蘭殖民者的統治，把佔領自己領土的外國侵略者趕了出去。

荷軍內亂，又遇天災

荷蘭殖民當局在重兵包圍下極不穩定，內部並沒有停止爭權奪利。此時巴達維亞總裁莫斯契爾聽信前台灣艦隊指揮官韋德拉恩、前台灣總督費爾堡和卡薩的情報，認為揆一謊報軍情，管理不善，任命檢察官赫爾曼·克林科接替揆一出任台灣總督。

克林科躊躇滿志帶著兩條戰艦上任時，卻見到台江四周和大員附近都是鄭軍的旗幟，熱蘭遮城已經被圍得水泄不通，克林科心想自己如此接任的話，豈不是要充當揆一的替死鬼嗎？嚇得他根本沒有上岸，就繞道日本回巴達維亞去

了。投降在即，克林科當然不會充當替死鬼。

揆一終於等到增援部隊。8月中旬，東印度公司總裁莫斯契爾，根據台江5月海戰中逃走、在海上飄泊五十餘天才回巴達維亞的「瑪利亞號」提供的消息，確知台灣已有鄭軍登陸，所以立即派出援兵。派出的增援艦隊到達台江外海。艦隊由「庫克肯號」、「克登霍夫號」等十二艘戰艦、七百二十五名士兵組成，雅科布‧考烏任指揮官，副指揮官是君士坦丁‧諾貝爾。這批侵略者趕來台灣，根本沒有把只有木帆船的鄭軍放在眼裡。

但荷軍出師不利，剛到台江外海不久，遇到風暴，「約克號」當場沉沒，其餘艦隻開往澎湖避風。過了約五十餘天，這支艦隊在搶光了澎湖島上民眾僅有的糧食、家禽、家畜後回到大員，登岸進入熱蘭遮城。兩軍會師，準備與鄭軍決一死戰。

休整多日後，9月16日，揆一和考烏決定兵分三路向鄭軍進攻，希望一舉打退鄭軍防線。

荷軍三路進攻，三路敗北

北路軍由軍艦「庫克肯號」率領兩艘戰艦，直撲鹿耳嶼、北線尾，鄭成功部將左虎衛鎮陳沖迎戰。結果「庫克肯號」被燒毀，另外兩艘戰艦被擊傷，向澎湖方向逃竄。後被澎湖守將陳璋、洪暄擒獲，成為鄭軍的戰利品。

台江江面上的戰鬥也是如此。攻打台江江面上鄭軍水師的是「克登霍夫號」戰艦領頭的七艘戰艦。迎戰的鄭成功部將陳澤把自己的指揮船作為誘餌，駛向淺水區。噸位遠大於鄭軍水師船隻的「克登霍夫號」求勝心切，不知是計，緊追不放，結果擱淺，被陳澤的副手宣毅、前鎮副將林進坤身帶炸藥包攀登上艦將其炸毀。另外三艘當場投降，又成為鄭軍的戰利品。

第三路是大員城。荷蘭一艘戰艦衝進一鯤鯓附近的海面，與熱蘭遮城中的荷蘭守軍合擊進攻大員市區，也被包圍熱蘭遮城的鄭軍所打垮。

等待多日，一直在尋找殲敵戰機的鄭軍收穫甚豐，擊沉荷蘭兩艘大型指揮艦及另外幾艘戰艦，繳獲三艘戰艦和俘虜艦長一人、士兵一百多人；擊斃荷蘭艦長一人、尉官兩人和士兵一百二十八人。收穫之大，超過登島初期的作戰。

三路出擊失利，荷蘭殖民當局的敗局已定，再無進攻的實力，內部也開始分裂。12月間，考烏借與福建清軍聯合攻取廈門為名，率領艦隊離去，不久帶著兩艘逃回巴達維亞，增援行動全部失敗。

荷蘭逃兵，獻計攻城

荷蘭的軍隊有一個致命的弱點，就是它們是一支簽訂契約的雇傭軍，所以面對著希望不大的圍困戰，有一些人選擇了叛逃。

根據荷方記載：「有一個軍士下午休息，於傍晚睡醒之後，把槍扛在肩上，對他的同伴說：『你去燒開水，我去打新鮮的野味。』他的同伴以為他要去海邊射鳥，就說：『好，多打幾隻回來。』那軍士說聲再見，即走出城堡，沿著海岸向鳳梨園（鄭軍駐地）走去。終於，可惡的傢伙投降敵人了。我們對此都沒有注意到，直到他走到第二漁場時才警覺到，雖然派了騎兵追過去，但他已經走得太遠了。」

這個叛逃的軍士在鄭成功那裡顯然受到了優待。他向鄭成功建議：要趁著圍城裡面人心渙散、驚慌失措的機會，開展連續不斷的炮擊，這樣裡面疲憊不堪的人就會絕望，而且熱蘭遮城堡本來就修建得不堪一擊，如果用大炮，會很快完成戰鬥。

不僅如此，他還詳細地告訴鄭軍熱蘭遮城堡及周圍的地形地勢。烏特勒支堡地勢高，是保衛上層熱蘭遮城堡和周圍四角附城的重要據點，只要拿下了烏特勒支堡，四角附城裡的人就沒有誰能夠阻擋住槍炮的射擊，不用費很大的損失就能奪取四角附城。到時候，在四角附城裡加強挖掘，就可以很容易地完成進攻了。

繼續施壓，最後期限

鄭成功繼續向荷蘭總督揆一施加促降壓力，於西元1662年1月25日組織了進攻熱蘭遮城的主要週邊陣堡——烏特勒支堡的戰鬥。戰鬥開打後，鄭成功指揮三十多門大炮連續發射二千五百餘發炮彈，整個城堡變為一片廢墟。

形勢對揆一更加不利，週邊城堡被攻克後，熱蘭遮城暴露在鄭軍的火力威脅之下。為加速敵人的失敗，鄭成功在烏特勒支堡廢墟上架起六門火炮，轟擊熱蘭遮城。揆一面臨的壓力越來越大，距離做出最後決定的時間越來越短。

當局者迷，旁觀者清。在金廈海岸被陳永華俘獲的一位荷蘭船長拉迪斯，願意出面對揆一進行勸降。拉迪斯寫給揆一的勸降書，告知了卡烏已經逃走的消息，並稱讚鄭成功軍隊是仁義之師，提出只要投降就能確保生命財產安全。

隨勸降信送給揆一的還有第二封信，這封信是一張只有簽名、沒有內容的白紙。揆一見到此信，頓時明白空白信的含義。它預示著荷蘭人如果拒絕投降，則將是一場無法估量的災難。

功在千秋　名垂青史

收復台灣是鄭成功戎馬生涯中最光輝的業績，而他的業績，將永遠激勵著人民不畏強暴、反對外來侵略者的鬥志。

荷軍走投無路，獻城投降

在這最後的時刻，荷蘭殖民當局終於在西元1662年1月27日召開「台灣評議會」決定命運。二十九名成員中只有四人反對議和，二十五人同意立即投降。根據台灣評議會的決定，揆一的祕書韋恩‧利普倫和檢察官伍德‧豪斯威爾在會後立即來到鄭軍大營，交上議和書。九個月前他們二人來談判時，拒絕了鄭成功提出的荷蘭人必須投降的建議，如今兵臨城下，他們只有投降。

對於荷蘭方面的議和書，鄭成功指出，荷蘭方面必須明確表明是「獻城投

降」，必須降下荷蘭的三色國旗；並且軍械、彈藥、糧食、物品等財產必須交出，屬於私人的財產除了巧取豪奪的珍貴文物外，可以帶走。此外鄭成功還同意了談判代表的最後一個要求，即要在撤離時「擊鼓、鳴金、荷槍、揚旗」。這恐怕已無勝利的含意，只是失敗的紀錄，鄭成功同意了他們的這一請求。

歷史應該記住這一天：西元1662年2月1日，鄭荷雙方代表在大員市鎮的稅務所完成協議的換文。

歷史更應該記住這一天：西元1662年2月9日，在台江邊的沙灘上，戰旗飄揚，鼓聲陣陣，受降儀式正式舉行。熱蘭遮城鐵門打開，揆一帶領荷蘭官員走出來。揆一向鄭成功交出了城堡的鑰匙，並獻上一把象徵權力的西洋寶劍。當天正午，隨著陽光下旗杆影子的消失，熱蘭遮城內降下了已經飄揚了三十八年的荷蘭國旗。

鄭成功在接受荷蘭殖民者投降後，歡喜不已，題詩道：「開闢荊榛逐荷夷，十年始克復先基；田橫尚有三千客，茹苦間關不忍離。」

英雄壯舉，世代稱頌

鄭成功由於馳騁沙場，積勞成疾，於西元1662年農曆五月初八與世長辭，時年39歲。鄭軍將士莫不熱淚滿面，悲痛哀悼，人民尊鄭成功為「開山聖王」，在台南建開山聖王廟，千秋萬代敬奉香煙。在台灣，紀念鄭成功的廟宇有一百多處之多。

鄭成功逝世後葬於台南。西元1663年鄭克塽歸清，受封漢軍公。爾後，上書奏請遷骸故土獲准。西元1699年（康熙三十八年），康熙皇帝賜葬於石井附近康店覆船山鄭氏祖塋，下敕官兵護柩於5月22日卯時歸葬，並賜輓聯：「四鎮多二心兩島屯師敢向東南爭半壁，諸王無寸土一隅抗志方知海外有孤忠。」

這說明作為清朝統治者的康熙皇帝從歷史的客觀角度出發，完全讚揚了鄭成功這種帶有民族氣節的高貴品質，充分肯定了鄭成功的歷史功績。

此後，清朝官員也都讚頌鄭成功的愛國精神：清同治甲戌巡台使者沈葆楨

撰聯：「開萬古得未曾有之奇，洪荒留些山川，作遺民世界。極一生無可如何之遇，缺憾還諸天地，是創格完人。」

　　台灣督使者夏獻綸撰創業完志節聯：「天地間有大綱，耿耿孤忠，守正朔以挽虞淵，祇自完吾志節。古今來一創局，茫茫荒島，啓沃壤而新版宇，猶思當日艱難。」

　　如今，雖無法見到這位當年治國統兵的英雄是如何拓墾台灣，使這塊土地走向郡縣制度，及一個儒家教育生根、文風鼎盛的漢人社會。但那獨屬於英雄的格局視野，披荊斬棘、守衛疆土的雄才大略，卻將永留後世子孫的心中。

抬棺西征，收復新疆

大義悍將左宗棠

「大將籌邊尚未還，湖湘子弟滿天山。新栽楊柳三千里，引得春風度玉關。」

晚清詩人楊昌濬

「左宗棠是近百年史上世界偉大人物之一，他將中華民族的勇武精神展現給俄羅斯，給整個世界。」

美國前副總統華萊士

戰神檔案

姓名	左宗棠	又字	季高
年代	清代	民族	漢族
出生	西元1812年	卒年	西元1885年
特點	忠烈　多智略　性狂傲		
相關人物	慈禧　李鴻章　阿古柏		
戰神身世	從小深受儒家正統思想教育，並中規中矩地走大多數文人的科舉之路。在三次會試不中的迷惘之後，終悟出「身無半畝，心憂天下；讀破萬卷，神交古人」之道理。		
主要事件	◆西元1860年，左宗棠奉詔命以四品京堂從曾國藩治軍。他招募了五千人，組成「楚軍」，這是左系湘軍的起點，也是左宗棠人生中的一個轉折。 ◆西元1875年，欽差大臣左宗棠，進新疆督辦軍務，出兵平叛。 ◆西元1877年，左宗棠乘勝進軍南疆，經達阪城、托克遜、吐魯番三次激戰，徹底擊敗了阿古柏。 ◆西元1884年9月初被任命爲欽差大臣、督辦福建軍務，12月進駐福州。他巡視海口，佈置防務，派兵援台。 ◆西元1885年7月，上奏提出專設海防大臣，建立海軍十大軍的設想。		
傳世名言	身無半畝，心憂天下；讀破萬卷，神交古人。		

興辦洋務　救亡圖強

左宗棠由於科舉屢試不中，所以他另闢蹊徑，幸得陶澍賞識，後走入仕途，致力於興辦洋務。在開廠造船、軍事製造上沁入全力試圖洋務救國。可終因一人之力而無法挽回晚清頹勢。但就其個人能力而言，著實稱得上「晚清第一臣」。曾國藩曾評價其說「論兵戰，吾不如左宗棠；為國盡忠，亦以季高為冠。國幸有左宗棠也。」

▲左宗棠像

絕意仕進，另闢蹊徑

左宗棠出生於清嘉慶十七年（1812），字季高，號樸存，湖南湘陰人。四歲時，隨祖父在家中梧塘書塾讀書，六歲開始攻讀「四書」、「五經」等儒家經典，道光六年（1826），十五歲的左宗棠參加湘陰縣試，並且名列第一。

道光九年，十八歲的左宗棠開始讀顧祖禹的《讀史方輿紀要》、顧炎武的《天下郡國利病書》和齊召南的《水道提綱》，這些是完全不同於儒家經典的學問。正是這些不算是正統的學問，為左宗棠日後的成功奠定了知識基礎。之後六年，三次赴京會試，均未考中。這時，左宗棠處在一種複雜而迷離的心態中。

然而，左宗棠很快就從迷惘中走了出來。「讀書當為經世之學，科名特進身階耳」，這是他後來說的一句話，這說明了他沒有在悲觀中走向人生的沉淪，沒有像有些酸酸的文人一樣從此寄情山水，儘管他的詩文才華出眾。左宗棠決定不再參加會試，他認為自己何必像范進一樣在考試路上耗盡生命年華？從此「絕意仕進」，尋找新的報國途徑。

　　左宗棠二十三歲結婚時，他在新房寫了一副對聯，用來鼓勵自己：「身無半畝，心憂天下；讀破萬卷，神交古人。」三十年後，左宗棠在福州寓所爲兒女寫家訓時，寫的也是這副聯語，可見這是左宗棠一生所追求的目標。

陶澍賞識，拜爲恩師

　　西元1838年，左宗棠取道江蘇南京，謁見當時赫赫有名的老鄉陶澍，陶澍是連任了十多年的兩江總督，是當時經世致用的代表人物。陶澍對左宗棠的到來，顯得格外熱誠。他們有過一段緣分。

　　一次，陶澍回鄉省親。途經醴陵，縣公館的一副對聯讓他眼睛爲之一亮：「春殿語從容，廿載家山印心石在；大江流日夜，八州子弟翹首公歸。」這副對聯，表達了故鄉人對陶澍的敬仰和歡迎之情，又道出了陶澍一生最爲得意的一段經歷。走進公館，迎面是一幅山水畫，上有兩句小詩：「一縣好山爲公立，兩度綠水俟君清。」意思是：「醴陵縣那傲然屹立的山峰，皆是仰載陶公一腔凜然正氣而生。」小小醴陵，居然有這樣的知己！這位六十多歲的封疆大吏，當即提出要見見這詩文作者。

　　令陶澍沒想到的是，一個二十多歲的年輕人出現在他的面前。陶澍決定推遲歸期，與素昧平生的左宗棠徹夜長談，共議時政。左宗棠不失時機地提出要拜陶澍爲師，畢生仿效。陶公愛才，欣然應允。

　　於是，一個落魄的窮舉人，就這樣做了兩江總督府的四品幕僚。左宗棠正是在這裡開始接觸軍國大事，開始瞭解夷人的堅船利炮與世界大勢。他將自己的命運與朝廷的命運連在了一起。這也是他致力於興辦洋務的開始。

醞釀洋務，開廠造船

　　作爲早期洋務運動代表之一的左宗棠，他操辦洋務的第一個大項目就是創立福州船政局。

　　早在浙江就任巡撫時，左宗棠就對西洋的器物產生了興趣。他專門派人仿

造過輪船，可惜由於各方面原因沒有成功。在第二次鴉片戰爭後，他很早就萌發的洋務思想得到了進一步的發展。在反覆思考國家在鴉片戰爭中失敗的原因後，他第一次提出學習和仿造近代輪船及火炮，並建議將此定為長遠國策。

他的這一想法提出來後，立刻招來一片反對聲，就連洋務派內部也出現了分歧。李鴻章就認為造船費用比買船費用還高，因而主張在外國訂造。另外，造船的諸多困難也被一一提及，如船廠擇地之難，外國師匠邀約之難，籌集鉅款之難等。

面對反對之聲，其實左宗棠早有準備。所以，他除力陳雇船、買船受洋人欺侮的事實外，還就人們所提之難分別進行了回答，以消除大家疑慮。在他的全力爭取下，同治五年（1866）六月三日，皇上發佈「試造火輪船隻係當今應辦急務」的上諭，令左宗棠設廠造船。

有條不紊，洋務典範

船廠的建造工作開始了，左宗棠汲取了上次杭州造船的失敗教訓，專門聘請德克碑和日意格兩個外國人代為監製。在他們的幫助下，船廠馬上走入了正軌。日意格、德克碑正式成為福州船政局的負責人，船廠一切事務均由二人承辦。船廠還制訂出了五年中造出十一艘一百五十匹馬力的大輪船，和五艘八十匹馬力小輪船的宏偉計畫。福州船務局的前途呈現出一片光明。

可就在這個緊要關頭，北方的捻軍日益強大起來，皇帝忽然調左宗棠任陝甘總督。臨行之前，左宗棠一面加緊佈置船廠的有關事宜，一面反覆權衡船廠的接辦人選。經反覆比較，他推薦當時正閒置在家的前江西巡撫沈葆楨擔任總理船政大臣。

一切安頓妥當，左宗棠赴陝就任。船廠的日常工作交由沈葆楨管理，而左宗棠則遙控指揮。從這裡可以看出左宗棠對興辦洋務這件事的重視程度，正是因為他從思想上有了一個徹底的轉變，所以在考慮問題的時候已經和那些封閉自守的大臣們有了本質上的區別。左宗棠的思想超越當時社會的主流思想，這是相當了不起的。

在左宗棠和沈葆楨的共同操持下，福州船政局的生產規模不斷壯大。到光緒三十三年（1907）船廠因各種原因停辦時，已先後成船三十四艘，其中爲南洋海軍建造的三艘二千四百馬力巡海快船，是當時自製的最大軍艦。福州船政局以其在特定歷史環境下，從生存、發展到停辦的經歷，成爲當時洋務運動的一個縮影，具有一定的典型意義。

軍事製造，西北推廣

離開福州就任陝甘總督後，左宗棠把他的洋務思想也帶了過來。到西北之初，他又創辦了蘭州製造局和甘肅織呢總局。蘭州製造局是官辦的近代軍事工業，主要仿造一些鐵槍鐵炮、後膛槍炮等。

在後來摧毀阿古柏統治、收復新疆的戰爭中，這些武器也讓一些洋人膽寒。可惜的是隨著伊犂的收回，蘭州製造局在光緒八年（1882）停辦。這對於早期的軍事製造業來講，是個巨大的損失。

其實，依據當時的社會情況來看，要想完全吸取西方先進的東西來挽救沒落的清王朝已是不可能了，因爲落後的封建制度是當時局面的最大阻力。所以，再有能力和進步思想的個人也是無法改變和拯救它的。單就左宗棠個人來看，可以說的確是「晚清第一臣」了。曾國藩曾經說過：「論兵戰，吾不如左宗棠；爲國盡忠，亦以季高爲冠。國幸有左宗棠也。」

新疆告急　挺身而出

左宗棠所處的年代，既是睡獅猛醒的年代，有所謂的「同治中興」和「洋務運動」，也是列強環伺、充滿危機的年代。同治三年，俄國侵略者精心策劃，在新疆挑起一場內訌，一直虎視眈眈的中亞浩罕國（位於今烏茲別克斯坦的浩罕市一帶）在俄國、英國的支持下，趁機發兵數十萬入侵。霎時間，大半個新疆被控制在侵

略者的魔爪之下。此時滿清王朝兩股勢力在新疆收與不收這個問題上，引發了權力爭鬥。

　　為收復失地，以晚清重臣——民族英雄、常勝將軍左宗棠為首的愛國人士，與朝廷「重海防輕塞防」準備放棄被列強佔領新疆的李鴻章，進行了針鋒相對的爭論。左宗棠據理力爭，衝破重重阻礙，於同治十三年，抬棺西征，親率大軍在新疆與侵略者阿古柏作戰，終於使新疆得以回歸大清版圖。收復新疆是左宗棠晚年的一大壯舉，也是他人生樂章中最為輝煌的一篇。

外敵入侵，新疆失控

　　西元1864年，南疆和北疆分別建立了地方割據政權。西元1865年1月，中亞浩罕國軍官阿古柏侵入新疆南部的喀什噶爾、英吉沙、莎東、和田、阿克蘇、庫東和喀喇沙爾等城，宣佈成立「哲德沙爾國」，他們以幫助鞏固政權為名，以達到篡位奪權之目的。

　　西元1865年秋，浩罕汗國本土遭到俄國軍隊攻擊，約七千餘浩罕汗國敗軍逃到喀什噶爾投奔阿古柏，阿古柏的實力大為增強。其時，安集延人原有的「地盤」已被擴張的俄羅斯人佔去約四分之三，安集延人一面戰守剩餘領地，一面向新疆擴張，尋求出路。

　　而在英國等國的支持下，西元1870年3月，阿古柏率部攻佔吐魯番。而後，阿古柏相繼攻取烏魯木齊、古牧地、鄯善等地。至此，俄國乘機佔據了伊犁，英國也虎視眈眈，意圖瓜分西北。一百六十萬平方公里的新疆，從大清的實際版圖上消失了。

　　阿古柏佔領新疆大部後，積極擴充實力。西元1870年，英國派遣使團到達喀什噶爾，為阿古柏提供軍事教官和武器。西元1873年，英國再次派出三百人組成的使團，攜英國女王的親筆信到達喀什噶爾，於西元1874年2月與阿古柏集團簽訂通商條約。西元1875年，英國從印度給阿古柏運去連發槍二萬二千支，山炮八門，炮彈二千發。

慷慨激昂，力主西征

西部邊陲出現危機的消息傳到北京，朝中一片大亂，因當時東部海防也正吃緊，便出現了要「塞防」還是要「海防」的爭論，以李鴻章為代表的一些重臣主張放棄新疆，把西征之餉作為東南海防之用。此時的左宗棠已年近花甲，但他憑藉高度的民族責任感，毅然站了出來，反對放棄新疆。

在朝廷關於西北邊防問題的討論中，左宗棠全面闡述了他對這一問題的看法。他認為國防是一個整體，海防和塞防互為表裡，缺一不可。他駁斥了李鴻章把西餉用於海防的謬論，並強調塞防現在情況緊急，應優於海防，大力增加經費才對。與此同時，左宗棠還從新疆戰略地位的重要性出發，指出了失去新疆後的嚴重後果。

面對左宗棠力主收復新疆的建議，慈禧太后心裡沒底，詢問左宗棠：「需時幾何？」左宗棠的答覆是：「剿撫兼施，一了百了，得五年時間。」慈禧太后對左宗棠的「一了百了」四字十分欣賞，對左宗棠敢於承擔責任的勇氣尤為賞識，清廷最終決定收復新疆。而征戰新疆的重任，自然也就落在了膽識、魄力和信心俱鑄的左宗棠身上。

同為英雄，所見略同

左宗棠出征新疆一事，還和林則徐有著歷史淵源。道光二十九年（1849）發配新疆的林則徐因病開缺回鄉，路過湖南，派人約左宗棠一見。兩人年紀相差二十七歲，卻一見如故，結為忘年之交。兩人暢談治國方略，通宵達旦。林則徐將在發配新疆期間的材料、戰守計畫以及沙俄在邊疆的政治、軍事動態，悉數託付左宗棠。臨行前，林公有言：「東南洋夷，能禦之者或有人；他日西定新疆，非君莫屬。」

巧合的是，二十七年後，左宗棠到了林則徐回鄉養病的那個歲數，他在懷裡揣著林則徐所給的作戰方略和地圖，身邊跟著盛載他萬丈雄心的木棺，走進了新疆。那口木棺，見證著他成功地將阿古柏叛軍趕出新疆的那兩年征戰；那

口木棺，見證著他與沙俄談判並最終收復伊犁的那一刻。但那口木棺存於何地已無從考證了，可左宗棠抬棺西征的故事卻一直流傳著。

緩進急戰　先北後南

收復新疆的戰爭沒有退路。白雪皚皚的祁連山下，獵獵長風捲起了大纛。這不是一般意義的決勝負，這是一場維護民族尊嚴的戰爭。左宗棠引以為自豪，湖湘子弟在血雨腥風中衝鋒陷陣，在追求和捍衛戰爭精神，實際上更是在重塑自己的民族精神。

敲定戰略，擂響戰鼓

左宗棠領命之後，立即開始了進軍新疆的實際準備工作。左宗棠認為，用兵新疆有四大困難：兵、糧、餉、運四難。尤其是新疆地理位置偏僻，糧食和運輸就成了戰爭成敗的關鍵因素。因此，他從一開始就重視糧食和運輸問題。

軍費也是戰前絕不可少的準備。說到軍費，還可以說一個小小的插曲，電視劇《喬家大院》中描寫的主要人物喬致庸，在當時的歷史時期正是左宗棠籌措軍費的東家。

回到當時的歷史時期，時為欽差大臣的左宗棠，在軍費問題上得到了山西喬家的鼎力相助。當時，左宗棠便與喬家的大德通、大德恒票號結成密切關係，他所需軍費，多由喬家票號存取匯兌，有時軍費急缺時則向喬家票號借支透支。

當西北安定下來，朝廷調左氏回京任軍機大臣時，路上費用均由喬家票號經管，恰好喬家所在山西祁縣位於川陝至京城的官道上，所以左宗棠在途經祁縣時，便特地拜訪了當時喬家的財東喬致庸。喬致庸當然十分欣喜，做了迎接左氏的充分準備。當左宗棠來到喬宅見到喬致庸時，直稱「大哥，久仰了」，喬致庸更是受寵若驚。

157

在喬宅敘話時，左宗棠一再表示，在西北有所作為，均仰仗喬家票號支持。喬致庸也趁機請左宗棠為大門前百壽圖題一副對聯。左宗棠即興執筆，所題對聯為：「損人欲以復天理，蓄道德而能文章。」橫批：「履和」。這自然是其中的一段插曲。

西元1876年4月7日，左宗棠自蘭州馳抵肅州，27日，命總理行營營務劉錦棠督率所部挺進新疆，一場收復新疆的進攻戰即將開打。

左宗棠在戰前對敵情做了認真細緻的調查研究。他分析了敵我雙方的戰略形勢，向所部將領指出：新疆幅員遼闊，城市之間的距離三百、五百以至相距千里之遙，「千里饋糧，士有饑色」，因此，他制定了「緩進急戰」的戰略方針。即一個戰役到另一個戰役之間，要有充分的時間做準備，如將糧料彈藥運儲前沿陣地；千里跋涉，部隊也須休整，所以大軍前進要「緩」。一旦部隊前進發動戰鬥，則前進要快，應以優勢兵力迅速解決戰鬥，避免屯兵堅城。

他以劉錦棠部二十五營作為進攻烏魯木齊的主力，由金順撥軍協同作戰，以張曜等部嚴守哈密至奇台一線，鞏固後方。指示劉錦棠打仗須從要害入手，先取古牧地、紅廟，則烏魯木齊猶如囊中之物。

兵發古牧，大獲全勝

西元1876年8月12日，清軍逼近古牧地，分紮城東及東北。次日清晨，阿古柏派往北疆的數千騎兵從紅廟來援，古牧地守敵則已在城東及東北山地築壘，加強了週邊防禦。據此，劉錦棠決定先掃週邊，而後再攻堅城。他當即命余虎恩、黃萬鵬等率騎兵奔赴山前監視敵人；命步兵分別攻取山壘和南關；命炮兵築造臨時炮台，配合步兵轟擊據守山壘和南關之敵。

戰爭開打後，清軍步騎兵在炮兵配合下，勇猛衝入敵陣，很快佔領了山壘和南關，掃清了古牧地週邊據點。守敵退入城中，阿古柏派來增援的騎兵則向南逃竄。

劉錦棠與金順策馬巡視古牧地，知敵守備甚嚴，必須強攻，遂令各營四面

包圍敵人。8月15日，炮台全部竣工，劉錦棠令譚拔萃率千總莊偉等用開花大炮轟塌東北面城牆，並對準缺口連續轟擊。

8月17日黎明，炮兵轟開南門，後續部隊迅速挖土填溝，湧入城中，與敵展開巷戰。這時，金順部亦從城東北入城，兩軍正好呼應。守敵大部被殲，少數由缺口逃出者，亦被預伏之清軍殲滅。守城頭目王治、金中萬及阿古柏部將多人被擊斃。

連戰連捷，光復北疆

清軍攻克古牧地後，繳獲了王治、金中萬給烏魯木齊的求救信一封，信上說：「烏城精壯已悉數遣來，現在三城（指烏魯木齊、迪化州城及妥明所築之偽王城）防守乏人，南疆之兵（指阿古柏軍）不能速至，爾等可守則守，否則退回烏城，並力固守亦可。」

劉錦棠得此重要情報後，當機立斷，決定抓住時機乘虛蹈隙，除留下兩營扼守古牧地外，率領大軍於8月18日黎明急速向烏魯木齊挺進，途中不戰而下七道灣堡。

行至距烏城十里處，偵騎探報烏魯木齊守敵正紛紛向南逃竄。劉錦棠當即命余虎恩率騎兵三營、譚拔萃率步兵四營由左路追擊；命黃萬鵬率騎兵一部、譚上連率步兵四營由右路追擊；命譚慎典等率步兵三營向烏城急進。

白彥虎、馬人得沒有料到清軍來得如此神速，一聞炮聲，即棄城向達阪城方向逃跑，因而清軍輕而易舉地收復了烏魯木齊。阿古柏所遣援軍五千騎行至達阪城時，聞烏城已失遂止。

烏魯木齊收復後，左宗棠命劉錦棠部駐守該城，搜捕殘敵，處理善後事宜；9月2日起，金順督軍從昌吉向瑪納斯南城進攻，久圍不克。10月4日，劉錦棠派羅長祐、譚拔萃、董福祥等率部增援。直至11月6日，才將瑪納斯南城拿下。至此，天山以北除伊犁地區外，所有敵佔據點全部收復。

調整軍馬，以圖南疆

此時，冬季來臨，大雪封山，不便進行大規模軍事行動。於是，清軍一面繼續肅清殘敵，徵集糧秣，設立採運機構，一面就地整訓部隊，爲進軍南疆做好準備工作。

清軍收復北疆，掌握了戰爭的主動權。特別是烏魯木齊的光復，大大改善了清軍在新疆的戰略態勢，解除了敵軍竄犯內地的後顧之憂，爲爾後進軍南疆創造了有利條件。

誠如左宗棠所說：「不得烏魯木齊，無駐軍之所，賊如紛竄，無以制之，不僅陝甘之憂，即燕晉內外蒙古，將無息肩之日。若停軍巴、古以東瘠區，兵少無以扼奔衝，兵多徒以耗軍餉……斷難爲持久之計。」北疆的收復，充分證明了左宗棠「先北後南」、「緩進急戰」方針的正確。

然而，阿古柏爲了防止清軍南進，在托克遜佈置了防線，以吐魯番、達阪城和托克遜三城互爲支援，堅守陣地準備抵抗。左宗棠也積極準備，一場大戰不可避免。

殺回南疆　摧毀阿古柏

左宗棠自從請纓西征，白髮臨邊，就帶著新疆不回誓不甘休的豪氣。他在給家人的信中抒發了這樣的抱負：「天下事總要有人幹，國家不可無陝甘、陝甘不可無總督，一介書生，數年任兼折，豈可避難就易哉！」

在取得北疆大勝之後，光復全疆的前途更加寬廣，左宗棠帶領全軍將士連克八城，直至摧毀阿古柏，收復新疆全境。這是晚清歷史最揚眉吐氣的一件大事，是晚清夕照圖中最光彩的一筆。請記住這位功臣的名字——左宗棠。

連克八城，勝利凱旋

西元1877年4月，左宗棠指揮清軍三路並進：劉錦棠部自烏魯木齊南下攻達阪城；張曜部自哈密西進；記名提督徐占彪部出巴里坤，至鹽池與張曜部會師，合攻辟展、吐魯番。劉錦棠部奇襲包圍達阪城，19日破城，斃俘敵三千餘人。隨即分兵一部助攻吐魯番，主力直搗托克遜，迫守敵海古拉（阿古柏次子）於四月下旬棄城西逃。

與此同時，張、徐二部清軍連克辟展、勝金台等地，吐魯番守敵白彥虎望風西竄，馬人得率部投降。至此，南疆門戶洞開。阿古柏見大勢已去，5月下旬於庫爾勒氣急暴病而死（一說絕望自殺，或謂被人毒死）。海古拉攜其父屍西遁，由白彥虎防守喀喇沙爾（今焉耆）、庫爾勒等地。阿古柏長子伯克·胡里在庫車殺其弟海古拉，後於喀什噶爾（今喀什）稱王，企圖在英俄庇護下負隅頑抗。

是年秋，左宗棠決心盡復南疆，遂以劉錦棠部為「主戰」之軍，以張曜部為「且戰且防」之軍，相繼長驅西進。南疆各族人民久受阿古柏的荼毒，紛紛拿起武器配合清軍作戰。10月，劉錦棠部以破竹之勢，馳騁兩千餘里，收復喀喇沙爾、庫車、阿克蘇、烏什等南疆東四城。西四城葉爾羌（今莎車）、英吉沙爾（今英吉沙）、和闐、喀什噶爾之敵日漸孤立，內部分崩離析。

已降敵的前喀什噶爾守備何步雲亦乘機反正。劉錦棠聞訊，立即揮軍分路前進，於12月中下旬連克喀什噶爾、葉爾羌、英吉沙爾。伯克·胡里、白彥虎等率殘部逃入俄境。西元1878年1月2日，清軍攻克和闐。至此，整個新疆除沙俄侵佔的伊犁地區外，全部收復。

為奪伊犁，再披戰袍

在收復新疆的戰爭進程中，清政府多次與俄國交涉，要求歸還伊犁。沙俄政府以種種藉口，拒不交還。阿古柏侵略勢力被消滅後，清政府乘勝向俄國索還伊犁，並要求引渡白彥虎等。沙俄政府一面答稱，如果賠償俄國佔領伊犁之

軍費，可以交還；一面又唆使白彥虎、伯克・胡里殘部等多次回竄新疆，騷擾邊境，企圖藉口邊境未靖，緩交伊犁。清軍粉碎了敵人的騷擾，予敵以殲滅性打擊。

崇厚在沙俄的威脅訛詐下，竟於西元1879年10月2日在黑海岸邊的裏瓦吉亞與俄國代表簽訂了喪權辱國的《交收伊犁條約》。消息傳來，激起朝野上下的極大義憤，以致「街談巷議，無不以一戰為快」。左宗棠更是痛心疾首，上奏痛斥沙俄的侵略行徑和崇厚的賣國行為。他提出解決伊犁問題必須堅持「先之以議論，委婉而用機；次決之以戰陣，堅忍而求勝」的方針。

西元1880年5月25日，已六十八歲高齡的左宗棠親自率軍一千餘人離開肅州，出嘉峪關向哈密進發。可以想像，左宗棠花甲之年又重披戰袍，騎上戰馬，指揮千軍萬馬，馳騁於塞北邊關，此等場面是何等的壯烈；此愛國之心是何等的忠貞。

6月15日，左宗棠率大軍抵達哈密，立刻積極部署防務。在左宗棠以武力為後盾的努力下，西元1882年2月17日（光緒七年十二月二十九日），塔爾巴哈台參贊大臣升泰抵達伊犁，與俄方代表商討收交辦法。3月22日，雙方換文，伊犁將軍金順隨即帶兵進駐。至此，被沙俄強佔達十一年之久的伊犁，終於回歸清朝的版圖。

從左宗棠收復新疆的戰爭中可以看出，只要指揮統一得當，將帥上下一心，滿清的戰鬥力還是強大的。佔領新疆的浩罕國（實為俄羅斯屬國），其裝備也為俄式。但清軍仍能一路西進，打得敵人狼狽而逃。

洋務運動為清軍帶來的變化，不能不說是讓清軍的戰鬥力得到了提升。其實，更應該說是力主洋務運動的左宗棠為清軍帶來的這種戰鬥力。這不僅僅表現在裝備的先進化，更重要的是老將軍的一顆愛國之心和那股讓侵略者望風而逃的鬥志。

這些讓當時的沙皇帝國也大為驚愕。不得不與清廷簽訂了《改訂伊犁條約》，承認了伊犁地區為清朝領土。這在滿清末年的外交史上，可謂是為數不多的亮點。直到今天，左老將軍抬棺出戰的英姿，依然激蕩在人們心頭，讓多少人熱血沸騰。

重創法軍　捍衛尊嚴

　　如果說從俄國人手中收復伊犁僅僅是有戰勝的希望，而不能說有絕對的把握，「勝仗敗約」之說略為勉強；那麼，三年之後的中法戰爭，則是中外歷史上極為著名的「勝仗敗約」。並且，勝仗的主要功績仍在左宗棠，這也是左宗棠一生抵抗外來侵略的最後一役。這位戎馬一生的愛國將軍，他的臨終遺言講的仍舊是「愛國」！

法軍侵越，痛斥議和

　　西元1871年，法國考察發現，通過紅江（今紅河）可進入雲南。被德國鐵血宰相俾斯麥在普法戰爭打敗的法國人，急於在東方世界挽回面子和戰爭損失。西元1873年11月，法國遠征軍向越南北部發起進攻。西元1882年3月，法國再次進攻北圻，越南國主遣使臣入清朝求援，在天津哀求李鴻章長達半年多時間，李鴻章都無動於衷。二使臣痛哭而歸。西元1883年4月，清廷命李鴻章速赴廣東督辦越南事宜，李鴻章藉口往上海統籌全局，不赴任。

　　左宗棠得知越南戰事後，憑藉他的性格和忠心，是不會坐以待斃的。他立即上書總理衙門，強烈要求抗法援越。他強調：若法佔領越南，則雲貴將永無寧日，只有一戰才是挽救時局的唯一辦法。之後，左宗棠積極整軍備戰，巡視沿江炮台。他自己還立誓前線，慷慨激昂的對將士們說：「老命固無足惜，或者四十餘年之惡氣藉此一吐。自此凶威頓挫，不敢動輒挾制、要求，乃所願也。」「如敵衝過隘口，則防所即是死所，當即捐軀以殉。」

　　西元1883年9月，法國派海軍重兵攻入越南京城順化，迫使國王投降，將越南淪為「保護國」。在中法交涉緊要關頭，淮系集團首領李鴻章強調：「各省海防，兵單餉匱，水師又未練成，未可與歐洲強國輕言戰事。」主張以維持越南對清朝的朝貢關係，保住清廷「撫有四夷」的體面為條件，含混默認法國對越南的殖民統治。

西元1884年2月，法國當局將侵越軍增補到一萬七千人，準備進攻清軍據守戰略要地北寧。清廷十分驚恐，不斷諭飭挑選得力將領加強防備。到戰役前夕，清軍共五十八營，兩萬四千人。中法雙方各有優勢，旗鼓相當。

法軍經過一個月準備，於3月7日開始水陸並進。先利用海軍聲東擊西，從清軍薄弱環節攻破防線。清軍消極防禦、調度失措，岑毓英等不戰而逃。清軍在中法戰爭初期的主力決戰中失敗，法軍控制了紅河三角洲，利用海軍機動性對清朝形成大面積威脅。

慈禧太后對主和派的戰事失利極為惱怒，將恭親王等一班主和內閣罷免，拿徐延續等問罪，讓相對主戰的醇親王奕譞進入軍機，調湖南巡撫潘鼎新任廣西巡撫，命隨左宗棠回京三將之一的王德榜招募定邊軍八營出關增援，起用張之洞大力舉薦的老將，原廣西提督馮子材。

水陸並勝，首相垮台

法國為休整軍隊和控制新侵佔的北坼地區，讓一個許可權很低的海軍中校德璀琳（德國人）繞道天津稅務司，與北洋大臣李鴻章聯繫，簽訂《中法簡明條約》：清廷承認法國對越南的保護權；開放西南各省；立即將英法公使曾紀澤調回。法方還以不及早簽約將要求賠償法國軍費、佔領抵押進行威脅。李鴻章大力促使清廷接受這些條件，並與該法國人簽約。

這時，左宗棠正在從南京赴京入見的途中。他得知條約一事後立即上奏反對，他主動請纓督師，甚至立下軍令狀：「不效，則請重治其罪，以謝天下。」抵京後，左宗棠發現紫禁城內外風氣萎靡，很不正常，便聯合主戰的醇親王奕譞等舒張正氣，其「勝固當戰，敗亦當戰」的豪言壯語被輿論傳揚，京城內外頓然豪氣萌生。

西元1884年8月23日下午二時，法艦對長期提心吊膽、高度警戒下疲憊不堪的清軍發起突然襲擊，左宗棠、沈葆楨千辛萬苦創建的福建水師全軍覆沒，大多數海防炮台被毀。這就是著名的馬江慘敗。26日，在海軍主力被一舉摧毀

之後，清廷當局不得不表態宣戰。

遭到如此巨大損失之後，李鴻章不以自己促成的國恥爲恥，反而誇耀法軍的勝利，說這證明清朝海軍不堪一擊，只有議和。這種論調遭到左宗棠等的大力反擊，慈禧太后認爲左宗棠言之有理，並爲其氣概所鼓舞。在左宗棠的堅決要求下，清廷同意這位七十三歲的老將親自到福建前線督師。

9月中旬，法國艦隊再度進犯台灣，侵佔基隆。在隨後的淡水戰役中，法軍遭到重創。法軍轉而採取封鎖海峽，圍困台灣的策略。劉銘傳電請李鴻章派北洋艦隊增援，李鴻章卻仍以「法艦毀閩船不過數刻，萬難與敵」爲由，按兵不動。

此時，左宗棠調舊部五千人一同抵達福建後，立即在港口遍佈水雷，將馬江沉艦上的炮拆下來移裝到陸地炮台。福建海防形勢改觀之後，左宗棠隨即用計暗渡海峽，成功增援台灣。法國海軍在台海處境每況愈下，被迫發起鎮海戰役，並遭到重創。

王德榜在左宗棠的支持下，毅然克服淮系上司潘鼎新的不斷阻撓，配合馮子材、劉永福等接連取得鎮南關（今友誼關）大捷、諒山大捷和臨洮大捷。清軍將士乘勝追擊，決心與越南義軍一起，一舉收復北寧、河內，把法軍驅逐出越南。29日法軍諒山大敗之後，歐洲震驚。這直接導致了法國茹費理政府的垮台。這在晚清歷史上是空前的第一次。

辱國條約，遺恨平生

但令人們無法理解的是，當清朝軍隊在前線浴血奮戰而終於扭轉戰局的時候，李鴻章等卻在英國人赫德等的慫恿下，派出赫德手下的一個英國稅務員金登干代表清朝政府，於西元1885年4月4日在巴黎簽訂了《中法停戰條約》。7日清廷便宣佈停戰。

停戰詔書飛抵前線，左宗棠、張之洞、彭玉麟等大爲震驚和憤怒，紛紛表示反對，前線將士更是以劍砍地，馮子材、王德榜等紛紛上書請戰，並要求處死議和者。

　　重病在身的左宗棠痛心疾首。在和約簽署的第十天，他上書開缺回鄉養病。西元1885年9月5日，左宗棠病故福州。他臨終遺囑：「此次越南和戰，實中國強弱一大關鍵，臣督師南下，迄未大伸撻伐，張我國威，遺恨平生，不能瞑目。」

　　在去世之前，左宗棠抱病上書數道重要奏摺。他建議當局「專設海防大臣」、「駐紮長江，南控閩越，北衛畿輔」、「台灣孤注大洋，為七省門戶，關係全局」，建議將福建巡撫移駐台灣，以震攝外敵。「凡鐵路、礦物、船炮各政，應及早舉行，以策富強之效，上下一心，實事求是，則臣雖死之日，尤生之年。」

　　這一條條都是這位忠君愛國的悍將未了的心願，左宗棠就這樣帶著未酬的遺憾離開了。

熱血忠魂，氣壯中華山河
錚錚鐵骨張自忠

「其立志也堅，其制行也烈，初齧齒於危疆，終受命於前敵，身死功成，永為民族之光榮，是軍人之圭臬。」

于右任

戰神檔案

姓名	張自忠	又字	藎忱
年代	民國	民族	漢族
出生	西元1891年	卒年	西元1940年
特點	捨生取義　壯烈		
相關人物	蔣介石　日軍		
戰神身世	天生軍人，張自忠早年就讀天津北洋法政學院，並因對軍事興趣濃厚而投筆從戎，投馮玉祥門下。		
主要事件	◆西元1916年張自忠投馮玉祥部。歷任連長、旅長、開封軍校校長。 ◆西元1930年張自忠任東北軍三軍三十八師師長。 ◆「九一八事變」後，張自忠率部在長城喜峰口等地抗擊敵軍。 ◆西元1938年2月張自忠參加臨沂戰役，擊潰號稱「鐵軍」的日軍坂垣師團，因功升任二十七軍團軍團長兼五十九軍軍長。 ◆西元1939年5月張自忠加上將銜。後率部參加隨棗、宜棗會戰。 ◆西元1940年5月16日，張自忠在湖北宜城南瓜店與日軍激戰而壯烈殉國。		
傳世名言	國家養兵就是為了打仗，打仗就會有傷亡。人總是要死的，多活二十年少活二十年轉眼就過去了。但死有重於泰山，有輕於鴻毛，為國家為民族而死就重於泰山，否則輕如鴻毛。		

大刀向鬼子們頭上砍去

說到「大刀向鬼子們（日軍）頭上砍去」，就讓人聯想起〈大刀進行曲〉，以及萬里古長城的名關——喜峰口。抗日將領宋哲元、張自忠率領的國民黨第二十九軍組成的「大刀隊」，兩次夜襲日軍軍營，刀劈日軍，繳獲了大批槍支彈藥。此舉震驚了長城內外，勝利的喜訊頓時傳遍了大江南北，極大地鼓舞了全國人民的團結抗戰。

▲張自忠

從〈大刀進行曲〉說起

「大刀向鬼子們的頭上砍去！二十九軍弟兄們，抗戰的一天來到了！抗戰的一天來到了！……」這首傳唱了半個多世紀的〈大刀進行曲〉。它曾經鼓舞和激勵過無數中華英雄兒女不畏強暴、寧死不屈、前赴後繼、英勇殺敵，譜寫了許多驚天動地的壯麗詩篇。

說到〈大刀進行曲〉，就不能不提起這樣兩個名詞：喜峰口、張自忠。

喜峰口，位於河北省遷西縣北部燕山山脈的中段，是萬里長城的一個重要關隘，也是塞北通往京都的交通要衝。這裡山屏聳秀、層巒疊峰、險山深谷、絕壁危崖，構成天然之險。

日軍突關，華北危機

「九一八事變」後，日本侵略者佔領了東三省，西元1933年日本侵略者欲侵華北，從喜峰口入關。抗日將領宋哲元、張自忠將軍率領國民黨第二十九軍在此迎戰日軍。西元1933年1月10日，第二十九軍主力奉命由山西陽泉開赴通州、三河、薊縣、玉田待命。這是張自忠第一次同日軍交戰。

部隊出發前，他召集全師營級以上幹部開會，作戰前動員。他慷慨激昂地

說：「日本人並沒有三頭六臂，只要我們全國軍民齊心協力，與日寇拚命，就能打敗日寇。國家養兵千日，用兵一時，為國捐軀，重如泰山！」他還要求部隊特別注意兩點：第一，要與當地老百姓打成一片，不動老百姓一草一木；第二，戰鬥中要節省子彈，不瞄準敵人就不准開槍。

3月7日，張自忠與馮治安抵達遵化三屯營。此地距喜峰口三十公里，張、馮在此設立二十九軍前線指揮所，就近指揮前方作戰。在與馮治安、趙登禹商討作戰計畫時，他鼓勵他們說：「人生在世總是要死的，打日寇為國犧牲是最光榮的。只要有一兵一卒，我們決心與日寇血戰到底！」馮、趙二人甚為贊同。

力挫日軍，滅其氣焰

3月9日，二十九軍奉命開赴喜峰口擔任防務。當部隊先遣團到達喜峰口時，日軍五百餘騎兵已來到了長城腳下，將士們奮勇抗擊，打退了敵人，保住了陣地。二十九軍不僅在白天給日軍以沉重的打擊，而且為了力挫侵略者不可一世的猖狂氣焰，打敵人個措手不及，當晚喜峰口前線總指揮、二十九軍一百零九旅旅長趙登禹又挑選了五百名技術高超的大刀隊隊員，夜襲敵營。

大刀隊分左右兩路，左路由副團長孫儒鑫率領，從喜峰口西的潘家口向蔡家峪一帶進發；右路由一營營長王昆山率領，從喜峰口東的鐵門關插向白台子。兩支突擊隊於3月10日凌晨二時先後到達指定目的地。此時的日本侵略軍正蒙頭大睡，做著黃粱美夢。大刀隊隊員們如同神兵天降，撲向敵營，掄起大刀，橫殺豎砍，刀起頭落，近千名日人從夢中驚醒，衣服都來不及穿，就撞在刀口上。大刀隊在敵營英勇拚殺了近三個小時，使五百多名日軍的人頭搬家。

日軍不甘心遭此痛擊，天剛亮，即刻組織反撲，以其第十四旅團的主力部隊朝喜峰口正面猛攻。雖然二十九軍的戰士們都很勇敢，決心固守陣地，給敵人有力回擊，但因為敵我雙方力量懸殊，日軍炮火猛烈，接連不斷，而二十九軍的武器落後，彈藥不足，在敵方的強攻下，傷亡極大。

穩住陣腳，二次夜襲

就在這緊急關頭，趙登禹將軍親率特務營及時趕到，向日軍展開猛烈反擊。趙登禹機智謀劃，以提高對敵殺傷力和節省彈藥為原則，充分發揮己方軍隊的潛在優勢，等日軍靠近己方陣地時再展開出擊。當敵人靠得更近時，二十九軍的戰士立即撲上去展開格鬥肉搏，狠狠打擊日軍，陣地上橫屍累累。

此戰，二十九軍雖有傷亡，趙登禹將軍腿部受傷，但由於指揮得當，敵人的猛烈攻勢終於被壓下去，使己方陣地轉危為安。張自忠認為這樣與敵人硬拚消耗終非善策，於是同馮治安、趙登禹商議，決定再次組織大刀隊對日軍實施大規模夜襲。

3月11日夜組織了對敵人的第二次夜襲。這次共動用了四個團的兵力，左路由趙登禹旅長率兩個團從潘家口出擊，右路由佟澤光旅長率兩個團從鐵門關出擊。

凌晨三時戰鬥開打。營長蘇東元率隊砍死二百多敵人，繳獲野炮十八門；連長張維瑾帶領勇士們砍死了一個炮兵連的四十多個敵人，繳獲大炮數門、炮彈三十六發，並把這些炮彈全部射向日軍陣地，炸得日軍抱頭鼠竄，血肉橫飛。這次夜襲，二十九軍共砍死砍傷敵人二百多名，燒毀敵人軍車二百多輛。

二十九軍在喜峰口一帶固若金湯的防禦，使日軍士氣大跌，他們見雷池不可逾越，遂將主攻方向轉到羅文峪方面。

捷報頻傳，高歌頌揚

在保定的蔣介石得到二十九軍捷報，喜不自勝，特電宋哲元、張自忠赴保一晤。19日，宋、張、馮三人赴保謁蔣，受到盛情款待。據說，蔣介石「神情歡愉，面有喜色」。這是張自忠第一次與蔣介石見面。

二十九軍大刀隊的抗日捷報不斷從長城傳出，相當的鼓舞人心。在上海從事抗日運動的麥新在二十九軍大刀隊英勇精神的激發下，傾吐出來他的全部愛

與憎。激情之下，引吭高歌：「大刀向鬼子們的頭上砍去！二十九軍弟兄們，抗戰的一天來到了！抗戰的一天來到了！前面有東北的義勇軍。後面有全國的老百姓，咱們二十九軍不是孤軍。看準那敵人，把他消滅！把他消滅！衝啊！大刀向鬼子們的頭上砍去，殺！」

這首〈大刀進行曲〉是盧溝橋事變爆發後的一首優秀抗戰歌曲，創作於西元1937年7月，8月在上海演唱，不久「大刀向鬼子們的頭上砍去」的雄壯歌聲很快地傳唱開來。它鼓舞著全國軍民去爭取抗日戰爭的最後勝利。

驚心動魄　　險出平津

這段歷史對於張自忠將軍來說，可能是他人生當中比較敏感和特殊的一個時期，他曾一度被輿論稱作「漢奸」，這對張自忠將軍這樣一位赤膽忠心、拳拳報國的人來說無疑是致命的打擊。但這位錚錚漢子沒有被壓彎脊梁，他沉默下來，把心中巨大的委屈化作更勇猛的戰鬥，以行動甚至生命來昭示天下——「張自忠」無愧於民族，無愧於國家。

撕毀協議，炮轟北平

西元1937年七七事變爆發時，宋哲元是冀察政務委員會委員長、北平綏靖公署主任兼二十九軍軍長。宋哲元於是年5月回山東樂陵原籍掃墓未歸。張自忠、馮治安、秦德純、張維藩等聯合急電宋哲元，報告事變發生情況。後又派鄧哲熙赴山東請宋速返主持一切。而宋哲元的態度是祈求「和平」的，他回覆張自忠等人的電報中稱：「必須鎮定以處之，相機應付，以挽危局。」

鄧哲熙到樂陵後，宋哲元對鄧哲熙表示：「日本不會對華發動全面的戰爭。只要我們表示一些讓步，局部解決有可能。」張自忠與李文田向日方在津駐屯軍交涉。日方因田代有病，由參謀長喬本代行。談判達成協議，雙方停

戰，各懲辦肇事者，宛平縣改由保安隊駐守。偌大風波，似已平安度過。但白天平靜，夜晚總有槍聲。之後，喬本赴北平，由張自忠、馮治安、秦德純與之商談。

西元1937年7月21日，日方即撕毀和談協議，炮擊宛平縣城及長辛店駐軍。7月25日，日方又藉口修理電話線路為名，向廊坊三十八師一百一十三旅和駐大沽的三十八師一百一十二旅二百二十五團挑釁。26日，日軍企圖經廣安門衝進北平城，但受到抵抗，未能得逞。

主帥撤離，被迫留守

在7月8日至28日之間，蔣介石接連發出五封急電給宋哲元，指示他速赴保定扼守。這時日方又向宋哲元發出緊急通牒，要他和三十七師一起撤離北平，還可繼續和平談判，否則將採取斷然措施。

宋哲元是邊疆大吏，守土有責，不戰而退，輿論和國法難容；若戰，又可能成為階下囚。整個二十九軍陷入了兩難的境地。走還是留，是抗戰還是妥協，這無疑是個十分敏感的問題。此時此刻，北平已被日本控制，留下來的人必定會被罵為漢奸。

在這個關鍵時刻，張自忠表示自己願意留下來負責安置二十九軍遺屬等事宜。宋哲元為此還曾親自寫有三個「手令」。宋哲元遂於7月28日，宣佈了蔣介石命二十九軍從北平撤守保定的命令。宋哲元進退維谷，不得已，退往保定，留張自忠在北平作為緩衝。

宋哲元臨行時握住張自忠的手說：「藎忱，慷慨赴死易，從容負重難。我今晚就走了，讓你為難了。你設法在北平拖住日本人，為我們爭取到一個禮拜的緩衝時間，待我軍收縮集結之後，便可恢復有利態勢。」

隨後，張自忠給三十八師副師長及旅、團長們修書一封，說：「明奉命留平，暫離部隊，叮囑部下團結一致，在副師長率領下聽軍長指揮，堅決抗戰，努力殺敵。」張自忠僅指定副官、參謀、勤務等六七人隨他留在北平，他的警衛排也被他送回原部隊參戰。

忍受痛苦，忍辱負重

秦德純在後來撰文回憶這段歷史時也說：「此時國內外人士不明真相，本愛國愛友之心情，函電紛馳，責難頗多，既不能向其說明真相，只有苦心孤詣，忍辱求全，以待事實之證明。主持其事者的精神痛苦確達極點。」

但在這危機時刻怎麼辦？這個火炕總得有人跳，這個地獄總得有人下。最後，挑起了這個重擔的，是張自忠。然而，他在三年後戰死沙場的命運，也就是在這時已經註定。張自忠在當時並非挑不起與日本人在戰敗之餘，開展「弱國外交」這近於不可能的任務；他挑不起的是輿論給他戴上的「華北特號漢奸」帽子。他的才能，足以將號稱日本「鐵軍」的坂垣師團阻在臨沂，不能前進一寸；他的良心，卻不能忍受自己名譽受到的侮辱。

盧溝橋事變後，掀起了抗戰的熱潮。二十九軍撤離北平，張自忠身兼多職，又獨處危城，必然引起不明真相人們的誤解。一時間北平城內謠言四起，這些謠言也傳到了南京及其他地方，一時間，許多城市聲討「漢奸」張自忠的大字報、標語以及報紙刊物遍佈街頭。

鬥智鬥勇，脫離險境

張自忠深知自己的特殊使命一時難以讓局外人理解。他不想向別人解釋，就是想說，在當時的情況下他也是有口難辯！事實上，日軍在進入平津後，就大張旗鼓地與漢奸勾結成立偽政權，並多次軟硬兼施地要求張自忠通電反蔣、反共，這些都被張自忠一一拒絕。日本人派出不少漢奸、日本特務跟蹤張自忠，想把他完全控制在日本的掌握之中。

張自忠一邊儘量拖延日本人的各種要求，一邊加快了自己的行動步伐。他祕密下令開倉放糧，幫助戰亂中的百姓度過饑荒；通過過去冀察政委會中的熟人和紅十字會，祕密轉移未撤出的部隊，掩埋陣亡將士屍體，分散隱蔽傷患，並專門接濟安置留平軍屬等。

8月7日，也就是宋哲元帶隊撤離的第十天，張自忠見延緩日軍一週的計畫

業已完成，自己留在北平已無意義，便宣佈辭去一切代理職務，避進了一家德國醫院。後他又化裝成司機助手，乘坐美國人的汽車逃到天津。

吐露決心，殺敵報國

在七七事變前後任第二十九軍副軍長、北平市長的秦德純在〈我與張自忠〉一文中也提到：「當盧溝橋戰爭經過二十餘日，7月28日我軍在南苑失利後，宋將軍即遵蔣委員長電令，赴保定坐鎮指揮。當時宋將軍寫了三個手令：一、冀察政務委員會委員長由張自忠代理；二、北平綏靖主任由張自忠代理；三、北平市市長由張自忠代理。一面電呈中央核備，並立即決定當晚九時由宋宅出發。臨行，張將軍含淚告訴我說：『你同宋先生成了民族英雄，我怕成了漢奸了！』其悲痛情形已達極點。」可見張自忠當時是怎樣地忍辱負重。

胸中滿腔熱血的張自忠到天津後，與家人匆匆見了一面後便乘船轉道至濟南。在濟南時，他在一封信中寫到：「忠冒險由平而津而煙台而濟南，刻即赴南京謁委員長，面言一切　而社會方面頗有不諒解之際，務望諸兄振奮精神，激發勇氣，誓掃敵氛，還我河山。非如此不能救國，不能自救，並不能見諒於國人。事實勝於雄辯，必死而後能生。」信中透露出他心情的複雜，更吐露了他誓死殺敵報國的決心。

寧爲戰死鬼　不做亡國奴

從西元1938年3月20日開始以後的一個多月裡，台兒莊成了死亡世界。地球上兩個最相近的民族為著完全不同的目標互相屠殺著。誰都相信自己會勝利，但勝利總是在最後一分鐘才降臨，而在那以前，是膠著的苦纏苦鬥。

張自忠將軍馳援的臨沂戰役，就是這場慘烈戰役的序幕，他不計前嫌，親自指揮作戰，與龐炳勳一起擊潰了號稱「鐵軍」的坂垣

師團，粉碎了其向台兒莊前線增援的戰略企圖，保證了台兒莊大戰的勝利。

坂垣突襲，十萬火急

西元1937年11月，張自忠回到原部隊，此時部隊已編爲第五十九軍，張自忠任軍長。返回部隊當天，他對部眾痛哭誓言：「今日回軍，除共同殺敵報國外，是和大家一同尋找死的地方。」西元1938年3月，日軍投入七八萬兵力，分兩路向徐州東北的台兒莊進發。號稱日方「鐵軍」的坂垣師團在山東半島登陸，一路西進，待至臨沂、滕縣時，雙方軍隊發生了激烈的戰鬥。

當時守衛臨沂的是龐炳勳的第三軍團。由於實力過於懸殊，傷亡慘重，正當龐炳勳部與日軍在臨沂週邊激烈爭奪，面臨滅頂之災的危急關頭，李宗仁電令張自忠的第五十九軍「即日赴臨沂，接龐（炳勳）任務，擊破莒、沂方面之敵，恢復莒、沂兩縣而扼守之。」並致電龐炳勳，大意爲：臨沂爲台兒莊及徐州屏障，必須堅決保衛，拒敵前進。除已令張自忠部來增援外，並派本部參謀長前往就近指揮。

屏棄前嫌，浴血殺敵

張自忠奉調率第五十九軍以一晝夜一百八十里的速度及時趕來增援。張自忠與龐炳勳原是宿仇，但他以國家、民族利益爲重，屏棄個人恩怨，率部與龐部協力作戰。龐炳勳心裡也擔心他與張自忠往日的恩怨，畢竟他從前曾對不起張自忠。但隨著張自忠高大身影在自己指揮所的出現，心中高懸了幾天的石頭終於落了地。

他又吃驚又感動，急忙迎上前去，久久握住張自忠的手。倆人相視，默然良久，數年積怨，頃刻冰釋。張自忠大度地說：「大哥你放心，我決心盡力幫你打贏這一仗！」龐炳勳神情爲之一振，隨即風趣地說：「老弟呀，人家說你要在北平當漢奸，我才不相信呢。我瞭解你的爲人，所以我大爲放心。」張自

忠開懷大笑：「今天倒是要他們看看，我張自忠是不是漢奸！」

　　龐炳勳約定張自忠部在城外側擊圍城的日軍，並切斷敵人退路，他從城內向城外全面出擊。張自忠召集營以上軍官部署戰鬥，他指出：「自喜峰口戰役以來，我軍已先後和日軍交戰多次，只要我們能充分發揚我軍善於近戰、夜戰的長處，根據現有條件，集中使用輕重武器，就一定能夠打敗這個驕橫不可一世的坂垣，為中華民族爭光，以盡我們軍人保家衛國的天職。即使戰死疆場，也是雖死猶榮。」

　　3月14日凌晨，開始戰鬥。五十九軍雖經長途行軍，仍以迅雷不及掩耳之勢強渡沂河，向日軍第五師團發動猛烈進攻。一時間，槍炮大作，地動山搖。五十九軍插入坂垣師團的右側背，經激烈戰鬥，突破敵軍防線。臨沂城內守軍倍受鼓舞，士氣大振，開城出戰。坂垣師團受到前後夾擊，首尾難顧，一夜之間被殲千餘人。坂垣師團像一隻受了傷的猛獸，立即放棄攻城，轉對五十九軍作戰。雙方在沂河兩岸反覆衝殺。

　　張自忠下定死戰的決心，與敵人一拚到底。他命令全軍各級軍官，一律到前沿指揮作戰，師長要到團指揮所坐鎮，張自忠本人也親臨師指揮所。他集中了全軍大炮，向敵軍陣地猛烈轟擊，方圓數十里內，炮聲槍聲不斷。激戰到17日凌晨二時，號稱「鐵軍」的坂垣師團被打得一敗塗地，遺屍千餘具，潰敗而去。日軍受到沉重打擊，其向台兒莊前線增援的戰略企圖被完全粉碎，保證了台兒莊大戰的勝利。

臨沂戰役，聲譽雀起

　　張自忠盡心指揮，勇敢果斷，以民族大義為重，不計個人恩怨，協同作戰，給人們留下了深刻的印象，受到輿論界普遍的讚揚。經此一役，張自忠以其卓越表現，徹底洗刷了他抗戰前期的屈辱，聲譽雀起，被提升為第二十七軍團軍團長。軍事委員會軍令部致電李宗仁指出：「張軍堅忍抗戰，斃敵累累，希傳諭慰勉。」同一天，國民政府以張自忠建樹奇功，特頒令撤銷對他的「撤職查辦」處分。

　　是年10月張自忠升任三十三集團軍總司令兼第五十九軍軍長。不久，張自忠又兼任第五戰區右翼兵團司令。張自忠成了新聞記者採訪的中心人物。一次行軍途中，一個記者找到張自忠，十分不理解地問道：「張將軍，您的部隊屢經血戰，傷亡極大，爲什麼還能屢次打勝仗呢？」張自忠簡要而意味深長地答道：「我的部隊就是剩下三百人，也要打三百人的仗，剩下一兵一卒，也要力戰到底！」

「活關公」轉世

　　西元1939年5月，日軍十萬之眾兵分兩路大舉進犯鄂北的隨縣、棗陽地區。張自忠一面命正面部隊死守，一面火速派兩個師迂迴到敵後方，兩面夾擊包抄日軍。他還親自率兩個團渡過襄河向敵猛攻，粉碎了日軍圍殲第三十三集團軍的企圖。隨後第五戰區左右兵團全線反攻，一舉收復棗陽、桐柏等地區。史稱「鄂北大捷」。

　　同年12月，日軍又集中大量兵力向駐守長壽店地區的第三十三集團軍所屬第一百三十二師等部陣地進攻，雙方激戰七天七夜，一百三十二師陣地多次被突破。張自忠決定用奇兵打敵神經中樞的戰法挫敗敵人。他調第一百三十二師的第三百五十九團另配一個營，令其於夜間繞道偷襲日軍設在鍾祥縣的總指揮部。

　　臨出發前，張自忠鼓勵將士們說：「國家養兵就是爲了打仗，打仗就會有傷亡。人總是要死的，多活二十年少活二十年轉眼就過去了。但死有重於泰山，有輕於鴻毛，爲國家爲民族而死就重於泰山，否則輕如鴻毛。」在張自忠的激勵下，奇襲部隊當晚潛行三十里路，一舉毀掉日軍總指揮部。正面進攻的日軍驚聞老巢被毀，大爲恐慌。張自忠指揮部隊趁勢猛烈反攻，打得日軍狂退六十里，大獲全勝，此役稱「襄東大捷」。

　　蔣介石得知後立刻通電嘉獎，稱張部爲「最優部隊」，其防區爲「模範戰場」。老百姓則更是歡欣鼓舞，並美稱張自忠爲「活關公」。

血戰南瓜店　氣壯山河

　　文學家郁達夫說得好：「沒有偉大人物出現的民族，是世界上最可憐的生物之群；有了偉大的人物，而不知擁護、愛戴、崇仰的國家，是沒有希望的奴隸之邦！」

　　南瓜店之戰是張自忠將軍的最後戰場。一個軍人，戰死沙場，可謂死得其所，本是一件平常的事情。但張自忠之所以能夠成為民族英雄，在於他能經得起生與死的最嚴峻考驗，並把個人的生死與民族的存亡合為一流，與億萬人民的命運融為一體。

　　到了這步境地，他便能夠超越一己的利害，敞開寬大的胸懷，變得忠勇、謙恭、堅忍、無私，便能夠在國家憂患、民族不幸的關頭挺身而出，擔當重任，誓死奮鬥，為國捐軀。

最後告別，奔赴戰場

　　為鞏固武漢週邊，日軍集三十萬兵力，欲圍殲第五戰區部隊，日軍節節進逼。西元1940年5月1日，十餘萬日軍在一百多輛坦克、七十多架飛機的配合下，向襄河東岸第五戰區部隊發動大規模進攻，棗宜會戰開打。

　　張自忠一面下令襄河東岸部隊分頭迎敵，一面指示西岸部隊做好出擊準備。出發前，張自忠親筆寫信，告諭五十九軍各師、團主官：「看最近之情況，敵人或要再來碰一下釘子。只要敵來犯，兄即到河東與弟等共同去犧牲。國家到了如此地步，除我等為其死，毫無其他辦法。更相信，只要我等能本此決心，我們的國家及我五千年歷史之民族，決不致於亡於區區三島倭奴之手。為國家民族死之決心，海不清，石不爛，決不半點改變！願與諸弟共勉之。」

　　5月7日拂曉前，張自忠帶領手槍營和七十四師，從宜城窯灣渡口渡過寬闊浩蕩的襄河，奔赴河東戰場。張自忠決定過河督戰，他寫信給第三十三集團軍副總司令馮治安，做最後的告別：「奔著我們最終之目標（死）往北邁進。無

論做好做壞，一定求良心得到安慰。以後或暫別或永別，不得而知。」

15日拂曉，張自忠僅率二千餘人截擊由襄陽沿漢水南下的日軍，趕到方家集。為阻敵人南逃，下令猛烈攔擊行進之敵。向人數比他多一倍半的日軍衝殺十餘次。日軍傷亡慘重。不明白這支軍隊何以這樣能戰，遂調集重兵五千餘人南北夾擊方家集，企圖消滅這支勁敵，以絕後患。

15日夜，張自忠率七十四師兩團及特務營突出重圍，向鍾祥開進，以阻止日軍大部隊渡河西進之企圖。16日拂曉，日軍獨立混成第十八旅團以優勢兵力，攻佔罐子口兩側高地以炮火集中轟炸張自忠部隊。雙方混戰撕殺，血肉橫飛。八時，鍾祥方面日軍五千餘人趕到，發動猛攻。鏖戰午時，張自忠身邊僅餘不到千人，但官兵士氣旺盛，視死如歸，與敵人展開白刃戰，附近山頭得而復失四次。

振臂指揮，誓不退守

由於敵我兵力過於懸殊，張自忠被迫退入南瓜店十里長山。日軍以飛機大炮將南瓜店轟成一片火海。這時西渡漢水，或東撤大洪山，均可脫離險境。為保護總司令安全，部下多次勸他退走。張自忠厲聲拒絕，說「我奉命截擊，豈有自行退卻之理？」

16日，援兵仍未趕到，而日軍的三面包圍圈已經合攏，開始對張自忠發起猛攻。張自忠一直疾呼督戰，直至午時，他左臂中彈，但仍堅持督戰。由於張自忠身材高大而且身著黃色軍服，目標明顯，日軍從三個方向用交叉火力向他射擊。下午二時，張自忠手下只剩數百官兵，他將自己的衛隊悉數調去前方增援，「今日是我報國時矣。」他掏出筆向戰區司令部寫下最後近百字的報告，「我力戰而死，自問對國家對民族可告無愧，你們應當努力殺敵，不能辜負我的志向。殺敵報國！」

此時，日軍發現，對方有個電台不停地在向四處發報，他們斷定對方有軍隊的高級指揮官到了前線，於是通過技術手段確定了電台的位置，迅速集中兩

個師團的兵力從三個方面進行包圍。

剛剛由排長提升爲連長的王金彪指揮本連剩下的幾十個弟兄堵擊來犯之敵。見總司令不肯撤退，便回身跑過來用腦袋頂住張自忠的胸脯，一邊往後頂，一邊噙著淚說：「總司令，我們不怕死，請您先走一步，我們不打退當面敵人，死在這裡也不走！」接著，他示意弟兄們將衝上來的一股日軍消滅了。望著王金彪健壯勇猛的身影，張自忠大吼：「眞不愧是我張自忠的部下！」

悲壯時刻，怒視群狼

戰至下午三時許，天空下起了瀝瀝細雨。東山口守軍大部戰死，餘部潰散。張自忠派出的手槍營士兵回撤至杏仁山腳下，做最後的抵抗。面對步步逼來，怪聲吼叫的大批日軍，這些跟隨張自忠多年的忠誠士兵，表現出驚人的勇敢和頑強，他們將生死置之度外，用血肉之軀將絕對優勢之敵阻於山腳下。

戰至下午四時，部隊傷亡殆盡，身邊只餘高級參謀張敬和副官馬孝堂等幾人。張自忠說：「我力戰而死，自問對國家、對民族、對長官，可告無愧，良心平安！」稍後，張自忠腰部又被機槍子彈擊中，他臥倒在地浴血奮戰。日軍步兵已衝至跟前，多處負傷的張敬高參舉槍擊斃數名日軍，被蜂擁而上的日軍用刺刀捅死。張自忠身受重創，西元1940年5月16日下午四時，一代抗日名將張自忠壯烈殉國。隨張自忠東渡作戰的二千官兵亦全部戰死。

在日軍戰史資料中，這樣記錄了張自忠將軍生命的最後一刻：「第四分隊的藤岡一等兵端著刺刀向地方最高指揮官模樣的大身材軍官衝去，此人從血泊中猛然站起，眼睛死死盯住藤岡。藤岡一等兵從他射來的眼光中，感到有一種說不出來的威嚴，竟不由自主地愣在了原地……。」

將軍殉國，驚天動地

蔣介石驚聞張自忠殉國，立即下令第五戰區不惜任何代價奪回張自忠遺骸。繼任第五十九軍軍長的黃維綱率部再渡襄河，與敵激戰兩晝夜，付出了

二百多人的傷亡，終於在陳家集尋得英烈墳墓，開棺將忠骸起出。當日，軍方接到軍司令部「將張自忠遺體用飛機送往漢口」的命令。

5月18日上午，張自忠遺骸運抵快活鋪，馮治安將軍含淚查看了張將軍傷勢，發現全身共傷八處：除右肩、右腿的炮彈傷和腹部的刺刀傷外，左臂、左肋骨、右胸、右腹、右額各中一彈，顱腦塌陷變形，面目難以辨認，惟右腮的那顆黑痣仍清晰可見。馮將軍命前方醫療隊將遺體重新擦洗，作藥物處理，給張將軍著馬褲、軍服，佩上將領章，穿高筒馬靴，殮入楠木棺材。

5月21日，天空下著小雨，張自忠的遺體從宜城運到宜昌，十萬民眾自發送殯。敵人的飛機在上空盤旋吼叫，卻無一人躲避，無一人逃散。目睹此萬人同悲的莊嚴肅穆之景，入侵日機居然一反常態，當時未投一彈，未開一槍。據說，當時蔣介石是撫柩大慟，從此他的辦公桌上擺上了張自忠的遺像。

氣節人格悍敵軍

日本人說：「我們怕張自忠。」為什麼怕？喜峰口、盧溝橋、台兒莊、十里長山，張自忠不止一次讓大和魂哭泣，就是當他最後死在日本人手中的時候，殺死他的人仍然整整齊齊地列隊向他的遺體敬禮，並像護送自己將軍的屍體一樣護送他離開戰場。

戰勝的日本軍從一個市鎮通過。百姓們得知那具蒙著白布的屍體就是張自忠時，不約而同地擁到街道上，跪倒失聲痛哭。「將軍一去，大樹飄零。」

▲張自忠墓

見「張自忠」　肅然起敬

　　張自忠犧牲後，南瓜店一帶槍聲驟停，格外寂靜。硝煙籠罩在上空，細雨無聲地飄落在橫七豎八的屍體上，血跡隨著雨水緩緩流淌，染紅了一片片泥土。

　　據日軍戰史記載，打掃戰場時，日軍在這個大個子軍人的衣兜中發現了一支金筆，上面刻著「張自忠」三個字，並從他身邊的手提保險箱中翻出了「第一號傷患證章」。日軍大為吃驚，不禁倒退幾步，「啪」地立正，恭恭敬敬向遺體行了軍禮。然後靠上前來，仔細端詳起仰臥在面前的這個血跡斑斑的漢子來。

　　接著他們把情況報告了上司二三一聯隊長橫山武彥大佐，橫山下令將遺體用擔架抬往戰場以北二十餘里的陳家集日軍第三十九師團司令部，請與張自忠相識的師團參謀長專田盛壽親自核驗。

　　專田盛壽「七七事變」前擔任駐屯軍高級參謀，與時任天津市長的張自忠見過面；「七七事變」時又作為日方談判代表之一，多次與張自忠會晤於談判桌前。

　　遺體被抬進陳家集三十九師團司令部時，天色已黑。專田盛壽手舉蠟燭，目不轉睛地久久注視著張自忠的面頰，突然悲戚地說道：「沒有錯，確實是張自忠！」

　　在場者一齊發出慶祝勝利的歡呼聲，接下來則是一陣鴉雀無聲的肅穆。師團長村上啓作命令軍醫用酒精把遺體仔細擦洗乾淨，用繃帶裹好，並命人從附近的魏華山木匠鋪趕制一口棺材，將遺體莊重收殮入棺，葬於陳家祠堂後面的土坡上，墳頭立一墓碑，上書：「支那大將張自忠之墓。」

　　事隔十六年，西元1956年岡村寧次在日本東京與來訪的何應欽曾談到了張自忠之死，岡村寧次說：「我們成了冤家對頭，不過這種冤家對頭奇妙無比。您也許知道，我以前在北平認識了張自忠司令官，而在進攻漢口之後，不幸得很，我們在漢水（即襄河）東岸之戰兩相對峙下來。那個時候戰事爆發，張先

生勇往直前，揮兵渡河，進入我方陣地，惟遇我方因戰略關係向前進擊，他竟衝至我軍後面戰死。他之死令我感慨無量。」

一個誓死抗日並戰死沙場的將軍，卻得到了敵手——日本軍人的尊敬，這說明了張自忠人格的力量。

舉國同悲，氣節永鑄

聞將軍殉國，中華一片悲痛，各界人士紛紛為張將軍殉國題詩、作詞、寫輓聯。

毛澤東贈詞「盡忠報國」四字。

朱德、彭德懷題詞：「一戰捷臨沂，再戰捷隨棗，偉哉將軍精神不死。」

董必武的輓詞是：「漢水東流逝不還，將軍忠勇震瀛寰。裹屍馬革南瓜店，三載平蕪血尚斑。」

郭沫若贊云：「余唯知寇猶未滅，毅魄必常附旗旌，直向目標邁進，偕國旗而永生。」

馮玉祥題「藎忱不死」四個大字。

于右任作哀辭曰：「其立志也堅，其制行也烈，初齧齒於危疆，終受命於前敵，身死功成，永為民族之光榮，是軍人之圭臬。」

張自忠將軍在國家民族危亡之際，不苟求生，但求一死，以英雄之碧血，澆灌了中華民族精神的花蕾；以殉國之舉，喚醒東亞之睡獅；以悲壯的死，求得民族之生存，其忠心義膽，昭若日月。張將軍堪稱軍人之楷模，雖死猶生！

黃埔之英，民族之雄

域外死忠第一人戴安瀾

「近代立功異域，揚大漢之聲威者，殆以戴安瀾將軍為第一人。」

美軍總司令史迪威

戰神檔案

姓名	戴安瀾	**又字**	衍功
年代	民國	**民族**	漢族
出生	西元1904年	**卒年**	西元1942年
特點	剛毅　堅韌		
相關人物	蔣介石　日軍		
戰神身世	農家出身，在務農父親望子成龍的期待下，戴安瀾被送入私塾，接受啓蒙教育。後考入黃浦軍校，開始軍旅生涯。		
主要事件	◆西元1924年底，考入黃埔陸軍軍官學校三期。 ◆西元1933年3月，日軍進犯長城一線，戴安瀾奉命率一百四十五團增援古北口，使日軍遭受重大傷亡。 ◆西元1937年7月盧溝橋事變爆發，戴安瀾奔赴華北戰場。先後參加了河北漕河、漳河阻擊戰。 ◆西元1939年1月，戴安瀾升任第二百師師長，授予國民革命軍陸軍少將軍銜。 ◆西元1939年冬，戴安瀾率部在崑崙關同日軍血戰爭奪，擊斃日軍前線指揮官第五師團第十二旅團旅團長中村正雄少將。 ◆西元1942年3月，戴安瀾率所部萬餘人作爲中方遠征軍的先頭部隊，赴緬參戰，予敵重創，打出了國威。		
傳世名言	爲國戰死，事極光榮。		

師從黃埔　浴血華北

戴安瀾將軍出身於貧苦農民家庭。他出生的時代正好是社會變革之際，民族危難之時，他曾經說過：「我們生逢此時，只有歷任艱難，捨生救國。」為了反抗日本帝國主義的侵略，他又毫不猶豫地說：「這場戰爭的勝負，民族的存亡，都要由我們這一代來承擔。」

正是這樣的赤誠之心和強烈的責任感，使戴安瀾將軍走進了培養出無數抗日將領的黃埔軍校，成為一名出色的指揮官；又使他從容的奔赴了硝煙彌漫的華北戰場，從此，「身先士卒」和「英勇無比」這兩個詞語就一直伴隨著他。

▲戴安瀾

畢業黃埔，大志於胸

戴安瀾，號海鷗，西元1904年11月25日出生於安徽無為縣一戶貧苦的農家。戴安瀾的父親戴禮明以務農為生，農閒時節常隨戲班唱戲，以貼補家用。戴禮明非常希望兒子長大後能「出人頭地」、「光宗耀祖」，在戴安瀾七歲時，戴禮明便將其送入私塾，接受啓蒙教育。西元1923年，戴安瀾考入陶行知先生在南京創辦的安徽公學高中部學習。後來，在一位名叫戴端甫的遠房親戚的鼓吹下，戴安瀾棄筆從戎，和一幫好友南下廣州，參加了國民革命軍，成了一名二等兵。

西元1924年，戴安瀾考入黃埔軍校第三期步兵科學習，在學習期間，他參加了由張治中領導的第一次東征、討伐廣東軍閥陳炯明、平定滇系軍閥楊希閔和桂系軍閥劉震寰等多場戰役。次年，戴安瀾從黃埔軍校畢業，被分配到了國

187

民革命軍總司令部擔任排長，後參加了北伐戰爭。

戴安瀾成長的時代，恰逢社會大變革之際和中華民族遭遇危難之時，他時常感慨地說：「我們生逢此時，只有歷任艱難，捨生救國。」自二十世紀三零年代開始，日本帝國主義加緊了侵華的步伐，面對大好河山被日軍鐵蹄踐踏，戴安瀾悲憤不已，他說：「抗日戰爭的勝負和中華民族的存亡，都必須由我們這一代人來承擔，為民族戰死沙場，男兒之份也！」

躍馬橫刀，血戰古北口

西元1933年1月，侵華日軍在佔領山海關後，又兵分三路進逼熱河。3月，熱河省會承德失陷，華北各地危在旦夕。時任國民革命軍第十七軍第二十五師三十七旅一百四十五團團長的戴安瀾，目睹日本侵略軍瘋狂侵吞國家領土及殘殺同胞，這使其內心痛恨至極。他決心躍馬橫刀，血戰沙場，收復大好河山，以雪宿恥。

3月8日，第二十五師接軍事委員會北平分會委員長張學良命令，趕往古北口，增援駐防在那裡的東北軍第一百一十二師張挺樞部。根據部署，戴安瀾率部經密雲前往古北口。兩天之後，古北口戰役開打了。

3月10日，日軍第八師團第十六旅團發起對古北口的進攻。當日清晨，第二十五師第七十三旅進入陣地，即遭日機猛烈轟炸，由於無可靠的掩體隱蔽，在敵機的轟炸下，軍隊的許多陣地被破壞，部隊也有傷亡。

戴安瀾的第一百四十五團和友鄰團第一百四十六團分別佔領古北口南城東西兩側高地，一百四十五團在右側地區，並以一營在右翼第一線佔領龍兒峪陣地。進入陣地以後，他們加緊修築防禦工事。第二天拂曉，敵人向古北口發動總攻擊，以飛機、大炮掩護其步兵進攻，佔領將軍樓口高地及古北口關口，並從兩翼包圍第一百四十五團，致使該團傷亡慘重。

12日拂曉，敵人增加主炮和飛機發動瘋狂的攻擊，主力指向第一百四十五團，同時以大部兵力向右翼延伸包圍，戰鬥比前兩天更加激烈。由於第一線陣

地失守，第二十五師陷於孤立，全線處於敵人箝制之下。激戰到下午三時，右翼包圍之敵有增無減，又由於通訊聯絡中斷，全線戰況逐漸惡化。

為縮短戰線，取得好的戰機，戴安瀾指揮部隊將陣地轉移至古北口西南五公里的南天門一帶高地。經過三晝夜激戰，連續三次擊退敵人進攻，使進犯之敵遭受重大傷亡，狠狠打擊了日軍的囂張氣焰。

英勇精神，震撼四方

在古北口的抗日戰役中，戴安瀾所率領的官兵英勇頑強，前仆後繼地浴血苦戰，就連敵人都十分敬佩。該團派出的一個軍士哨所，因遠離主力，未及撤退，大部隊變換陣地以後，這個哨所仍在原地繼續戰鬥，先後斃傷日軍一百多人。後來，日軍調動了飛機大炮，將這個哨所摧毀。敵人前往察看，發現哨所裡只有七名士兵，全部陣亡。他們的英勇精神，日軍欽佩異常，隨即把七具屍體埋葬起來，並插上木牌「支那七勇士之墓」以示紀念。

古北口戰役，是戴安瀾在抗戰期間所參加的第一場大規模戰役，在這場戰役中，他英勇負傷，他和他的部隊勇敢善戰的精神，不僅使敵人聞之喪膽，同時也傳遍了整個中華。戰鬥結束以後，他榮獲五等雲麾勳章。

對於古北口慘烈的戰況，戴安瀾久久不能忘懷。四年之後，他在〈痛苦的回憶〉一文中，總結了這次戰役的教訓，提出了加強戰役、戰術訓練，嚴肅軍紀，提高部隊戰鬥力的許多正確主張，並且更加注重了對軍隊的管理。

能在一次戰役後冷靜下來好好總結其中的得與失，在當時國民黨指揮官中是不多見的，特別是在四年之後仍能以撰文的形式條理清晰的總結戰役中的教訓則更是難得了。戴安瀾做到了，而且他把這些經驗教訓又都運用到了軍隊的建設管理中，堅持從嚴治軍，保證了自己帶出的是一支能打硬仗、受老百姓歡迎的隊伍。

西元1937年7月7日，「七七事變」爆發了，抗日戰爭也由此全面展開。不久，戴安瀾升任第十三軍第七十三旅旅長，先後率部參加了保定、漕河、台兒

莊和中條山等戰役。西元1938年5月，因屢立戰功，戴安瀾被擢升為第八十五軍第八十九師副師長；次年1月，他又接替杜聿明，升任第五軍第二百師師長。

第二百師是蔣介石的嫡系部隊，也是當時惟一一支摩托化炮兵師，全師裝備有坦克、裝甲車、摩托車和大口徑火炮等，其作戰能力在當時的軍隊中堪稱首屈一指。蔣介石把這樣一支隊伍交給戴安瀾，可見其對戴安瀾能力和人格的肯定與欽佩。

崑崙關大戰　狄青風範

西元1939年底，戴安瀾奉命率第二百師參加了崑崙關戰役。在戴安瀾的指揮下，第二百師全體官兵與日軍的精銳部隊第五師團鏖戰了一個多月，最終，戴安瀾所部擊斃了日軍六千多人，日軍指揮官中村正雄少將也被打死，同時還繳獲了大量的戰利品。崑崙關大捷在抗日戰爭史上留下了濃墨重彩的一筆，而戴安瀾本人也因此一戰成名，受到了國內輿論的廣泛稱頌。

全力投入，精心準備

崑崙關戰役，是整個桂南會戰的核心戰役。因此，蔣介石決定動用最精銳的第五軍，由白崇禧指揮，投入崑崙關戰役。

西元1939年11月25日凌晨，由戴安瀾指揮的第二百師第六百團，在二塘獨戰日軍第二十一、四十二兩個聯隊。日軍在飛機掩護下猛烈進攻，六百團團長邵一之、副團長吳其升陣亡。鑒於戰況對於己方的不利，戴安瀾決定黃昏後撤退至高峰隘。此次雖然未能阻止日軍前進，但這是日軍自登陸後遇到的最激烈抵抗，戰鬥進行了兩天兩夜。12月1日軍隊失守高峰隘，4日日軍佔領崑崙關，雙方以崑崙關一線山地為界，開始了暫時的對峙。

崑崙關，位於廣西南寧東北五十公里的崑崙山上，虎踞於曲折的柳州、賓陽至南寧的公路，居高臨下，地勢險要，山嶺延綿，無論往北往南，均爲平坦地勢。東面兩公里處有高地，西面兩公里處屹立兩個高地，是一夫當關，萬夫莫開的歷代兵家必爭戰略要地。早在宋朝，狄青征南時此處便成了著名戰場。

因爲是兵家必爭之地，所以蔣介石決定於12月7日反攻，來個先下手爲強，目標是「攻略崑崙關而後收復南寧」。15日，白崇禧以桂林行營名義發出第一號反攻令：以北路軍第五軍主攻崑崙關。第五軍軍長杜聿明接到命令後深知責任重大，不敢怠慢，遂於12月16日，召開團長以上軍事會議。

會議主要是佈置對崑崙關之攻堅戰，制定了「關門打虎」的包圍全殲戰術，命令以戴安瀾第二百師、鄭洞國榮譽第一師正面主攻崑崙關；邱清泉新編第二十二師爲右翼迂迴部隊，由小路繞過崑崙關，打擊南寧方面日本援兵；彭璧生率第二百師兩個補充團側擊崑崙關之外，堵住其退路並阻擊援軍。

驚心動魄，得而又失

12月18日凌晨，戰鬥開打了，中日兩軍最精銳部隊在崑崙關相遇了！這飽經滄桑的崑崙關又迎來了一次嚴峻的考驗。而這次雙方的特殊身分決定了這次戰役的特殊地位。

防守崑崙關的日軍是第五師團主力第二十一旅團的松本總三郎大隊，他們以慣用的炮火和飛機轟炸展開攻擊，國民黨第五軍的重炮兵團以及各師炮營同時開火。戴安瀾在日軍的炮火下指揮第二百師與榮譽第一師開始攻堅，直至夜晚，榮譽一師攻佔了崑崙關附近的幾個高地；第二百師攻佔了兩個高地，並一舉攻佔崑崙關主陣地。

戰爭是殘酷的，19日中午，日軍再次出動飛機狂轟濫炸，第二十一旅團的第二十一聯隊，由聯隊長三木吉之助大佐率領，把崑崙關又奪了回去。

空前慘烈，失而復得

崑崙關得而復失。讓蔣介石面子上很難看，他對崑崙關戰役進展緩慢不滿，於是，21日下達命令給桂林行營及各參戰部隊：「前方各部隊與炮兵等，如有不積極努力進攻，或不能如限期達成任務者，應即以畏敵論罪，就地處置可也。」

戰場上所發生的事情往往有許多的戲劇性和不可預見性。在崑崙關主攻陣地上，調撥給第二百師指揮的榮譽一師第三團團長鄭庭笈，用望遠鏡發現九塘公路邊大草地上有日軍軍官正集合開會，馬上命令第一營以輕重機槍、迫擊炮集中火力猛擊。炮彈擊中目標，敵方軍官死傷慘重，乃至後來不得不空投軍官來補充作戰。日軍第二十一旅團長中村正雄少將即是被炮火擊中於24日身亡的。

戰鬥空前慘烈。僅第五軍正面進攻的兩個師，傷亡就達兩千餘人，日本軍傷亡也在千人以上。崑崙關日軍工事非常堅固，上兩層下一層碉堡，構成交叉火力，敵方難以進行攻擊。

在這萬分危急時刻，戴安瀾將軍親率兩個團兵力，以大刀、鑴刀和血肉之軀，一路斬草開路，割破日軍設下滿山遍野的鐵絲網，向崑崙關最後一道大門──界首陣地發起猛攻。

界首高地位於崑崙關北，是日軍最堅固的據點。戴安瀾指揮鄭庭笈團，於28日晚開始攻擊界首高地，儘管敵機在頭上掃射、轟炸，該團仍士氣旺盛，不顧犧牲頑強進攻。敢死隊以手榴彈塞進日軍據點的槍眼，終於在29日上午攻克界首高地，鄭庭笈團九個步兵連，其中七個連長傷亡，指揮官身邊的司號長也中彈犧牲。

日軍膽怯，再立功勳

反攻日軍的軍隊於12月31日肅清了崑崙關全部殘敵。打掃戰場時，在中村正雄屍身上搜出了一個日記本，該旅團長在戰死前寫到：「帝國皇軍第五師第

二十一旅團之所以在日俄戰爭中有『鋼軍』的稱號，那是因爲我的頑強戰勝了俄國人的頑強。但是，在崑崙關我應該承認，我遇到了一隻比俄國軍隊更頑強的軍隊。」

日軍統帥部收到的報告中也稱：「在崑崙關地帶，中國軍隊比任何方面都空前英勇，值得我軍敬意。」戰後的日軍戰史也稱，崑崙關戰役是：「中國事變以來，日本陸軍最爲黯淡的年代。」「中國軍隊攻勢的規模很大，其戰鬥意志之旺盛，行動之積極頑強，在歷來的攻勢中少見。我軍戰果雖大，但損失亦爲之不少。」

崑崙關戰役的慘烈以至使日軍第二十一旅團已經名存實亡。戴安瀾指揮的第二百師因戰功卓著，全師受國民政府集體嘉獎一次。師長戴安瀾因指揮有方和重傷不下火線，榮獲四級青天白日寶鼎勳章一枚，被蔣介石稱讚爲「當代之標準青年將領」。這也是戴安瀾又一次得到了蔣介石肯定。

孤師入緬　首戰告捷

太平洋戰爭爆發後，二戰的戰火迅速燒到了鄰國緬甸，面對來勢洶洶的日軍和無力抵抗節節敗退的英軍，戴安瀾率領二百師出兵，並身先士卒，孤軍深入緬甸，與日軍打了第一場遭遇戰，並用事實向世人證明了中方軍人不亞於其他任何同盟國軍人。

戰況危急，臨危授命

太平洋戰爭爆發不久，戰火燒到了緬甸。中方由於英軍無力抵擋日軍的進攻，同時也爲了抵抗日本的侵略，確保中方戰時「輸血動脈」滇緬路的暢通，並應美國和英國一再提出派兵支援的請求，派出了羅卓英任司令，杜聿明爲副司令，下轄第五、第六、第六十六軍共十萬將士組成的遠征軍，開赴雲南中緬邊境臨戰待機。

1942年3月初，中方軍隊正式進入緬甸。戴安瀾所在第五軍裝甲兵團為了保護戰車壽命和軍事祕密，所以全部戰車均用汽車載運，但當時的汽車載重量一般只有四噸以下，且從昆明到畹町的一些橋樑負荷量不到十噸，只有「菲亞特」、「雷諾」戰車抵達前線參戰，T-26戰車只能分拆成三輛車運輸，因此沒有來得及運抵前線。這對中方來說，在火力上已輸給對手了。

而當時日軍入緬後，由南向北兵分東路、西路和中路。英國與中方商定中路和東路的日軍由中方的遠征軍抵擋。中路部隊既要對付正面的敵人，又要策應東西兩路的作戰，這個重擔就落在了第五軍身上。第五軍是抗日戰爭初期在蘇聯幫助下編成的第一個機械化部隊，是當時中方最為精銳的部隊。

面對如此嚴峻的形勢，1942年3月3日，蔣介石一天三次召見第二百師師長戴安瀾，令其火速開赴東瓜，並詢問第二百師能否在東瓜堅守一兩周，打個勝仗？戴安瀾意志堅定、斬釘截鐵的說：「甘立軍令，此次遠征，係唐明以來揚威國外之盛舉，戴某雖戰至一兵一卒，也必定挫敵兇焰，固守東瓜。」

於是3月4日以戴安瀾為師長的第二百師萬餘人，作為遠征軍的先頭部隊赴緬參戰。戴安瀾在行軍途中激情滿懷地賦詩一首：「萬里旌旗耀眼開，王師出境島夷摧。揚鞭遙指花如許，諸葛前身今又來。策馬奔車走八荒，遠征功業邁秦皇。澄清宇宙安黎庶，先挽長弓射夕陽。」這表現出了戴安瀾將軍一種志在必得的大將風範和氣勢。戴安瀾師於9日抵達東瓜，並逐次接替英軍防務。在孤軍深入異域作戰的險惡條件下，全體將士決心堅守東瓜，等待援軍，與日軍血戰一場。

滅日威風，長我士氣

15日，當時中印緬戰區美軍總司令史迪威看到第二百師已構築的堅固工事以及良好的偽裝後，連聲誇讚戴安瀾是「好師長」，並說中方的軍隊是很好的軍隊。中方的軍人不但不亞於任何同盟國軍人，而且會勝過他們。

19日，追擊撤退英緬軍至皮尤河西岸的日軍，率先與防守東瓜的第二百師先頭部隊接火。戰訊傳來，戴安瀾宣佈：「命令各團營進入陣地，準備戰鬥。本師長立遺囑在先：如我戰死，以副師長代之；副師長戰死，參謀長代之；團長戰死，營長代之……以此類推，各級皆然。」

在戴安瀾視死如歸、慷慨陳詞的鼓舞下，全師官兵群情激憤，個個躍躍欲試，連軍配屬給二百師的騎兵團裝甲車也同時向日軍發起攻擊。經過激烈戰鬥三小時之後，先遣營向師長戴安瀾發來首戰告捷的戰報：擊退日軍一個大隊，殲滅一小隊。共傷亡日軍約二百人。全師上下歡欣鼓舞，鬥志昂揚。

此次前哨戰，是日軍發動侵緬戰爭以來第一次失敗。戴安瀾所率領的二百師在這場戰鬥中不僅滅了侵略者的威風，挫敗了他們的銳氣，同時也轉變了英軍對遠征軍的輕視態度，打出了中方軍人和中華民族的士氣。

局部勝利對戰局並沒有產生重大影響。對於戴安瀾的第二百師來說，面臨的戰場形勢十分不利：仰光陷落，緬甸國門洞開，日軍長驅直入，英軍一觸即潰。這帶給這位熱血將軍巨大的挑戰。

固守東瓜　驅倭棠吉歸

東瓜和棠吉是中方軍隊在境外戰鬥中打得比較漂亮的兩場戰役。戴安瀾在這兩場戰役中充分體現了他的指揮才能和英勇無畏的戰神精神。英國的《泰晤士報》稱之：「東瓜之命運如何，姑且不論。但被圍守軍，以寡敵眾與其英勇作戰之經過，實使中國軍隊光榮簿中增一新頁。」

史迪威將軍對此役給予了極高的評價，稱「近代立功異域，揚大漢之聲威者，殆以戴安瀾將軍為第一人」。毛澤東也盛讚說：「浴血東瓜守，驅倭棠吉歸。」

捍衛東瓜，打出軍威

東瓜是南緬平原上一座小城，又譯作「同古」，人口十一萬，距仰光二百六十公里，扼公路、鐵路和水路要衝，城北還有一座永克岡軍用機場，戰略地位十分重要。著名的東瓜大戰就在這裡拉開序幕。

東瓜正面之敵為日軍第五十五師團，西路為三十三師團。另有兩個增援的主力師團正從海路趕往仰光登陸。

首戰失敗，實出日軍意料之外，他們沒有想到竟遭到緬戰以來最為猛烈的抵抗。一連三天，第五十五師團第一百四十三、第一百四十四兩個聯隊傷亡慘重，攻擊已呈疲軟勢頭，不得不調另外兩個聯隊投入戰鬥。

日軍空軍每天從仰光機場出動百餘架次飛機對東瓜進行狂轟濫炸，投擲燃燒彈、毒氣彈無數。但是第二百師的防線仍然沒有被突破，城內中方的守軍始終沒有動搖或敗退的跡象。

24日下午二時，昂山領導的「緬甸獨立義勇軍」也及時趕來為日軍助戰，加入了對第二百師進攻的行列。日軍在緬甸獨立義勇軍帶領下經小路迂迴到城北，與正在破壞鐵路的工兵團猝然遭遇。日軍一個衝鋒就打垮了工兵團，而後進襲機場。

機場守軍進行了英勇的抵抗，終因寡不敵眾，殘部退回城裡。日軍佔領機場，切斷第二百師退路，把東瓜城團團包圍起來。永克岡機場失守，工兵團李樹正團長被軍法處判處槍決，就地執行。

戴安瀾和第二百師將士們，在強敵面前表現出了罕見的戰鬥勇氣和高度的犧牲精神。他們憑藉簡陋的工事和武器，始終拒敵於城外。城市被夷為平地，陣地斷糧斷水，每天都有肉搏戰發生，每天都有官兵拉響手榴彈與敵人同歸於盡。

敵人惱羞成怒，竟向城內發射糜爛性芥子毒氣彈。所幸適逢旱季，毒氣多被季風吹散，中毒者十餘人。

入夜後，日軍偷襲戴安瀾的指揮部。激戰通宵，通訊聯絡一度中斷。戴安

瀾親自持握一挺機槍與日軍戰鬥。拂曉援兵到,方告脫險。戰鬥進行到29日,日軍攻勢漸呈衰竭,前線陣地出現少有的平靜氣氛。

有驚無險,成功突圍

正在這時,在緬甸的英國軍隊在尚未通知友軍的情況下,倉惶撤退,把戴安瀾部的側翼暴露給日軍,而日軍增援部隊第五十六師團已經星夜兼程趕到東瓜!

戴安瀾萬分緊急之下,給杜聿明發電:

「杜軍長副司令長官台鑒:

敵與我接觸戰自十九日,激戰至二十八日,凡十餘日矣。我已瀕彈盡糧絕之境,官兵兩日無以果腹,仍固守東瓜鐵路以東陣地……自交戰之初,敵勢之猛,前所未有,尤以二十四日至今,敵機更不斷轟炸,掩護其戰車縱橫,且炮兵使用大量毒氣彈,晝夜輪番向我陣地進攻……援兵不至,我雖欲與東瓜城共存亡,然難遏倭寇之凶焰……何益之有?」

日軍第五十六師團是一支主力部隊,於29日晚投入對東瓜的進攻,從而使日軍的實力大大增強。3月30日,日軍在坦克、裝甲車掩護下突入東瓜城內,並從南北兩面將第二百師分割開來;另一部日軍佔領錫塘河以東陣地,掐斷了二百師往東突圍的最後一線希望。

在這緊要的關頭,戴安瀾親自指揮部隊在城內各交通要道修好堅固的堡壘,輕重武器形成交叉火力網,打退日軍進攻。他和參謀、後勤人員也都拿起武器,參加了戰鬥。當日下午,日軍再次逼近師指揮部,戴師長指揮特務連與之激戰,傍晚將其擊退。

就在這時,杜聿明命新二十二師的兩個團,配屬三個戰車連,向包圍東瓜的日軍進行攻擊,救援戴安瀾部突圍。在戰車的配合下,中方的遠征軍一舉拿下南陽車站四周及部分建築物,並摧毀日軍炮兵陣地。戴安瀾率二百師趁勢突圍,戰到次日凌晨,中方守軍大部分渡過錫塘河,跳出日軍包圍圈。

戰術合理，名聲大振

至此，東瓜保衛戰終於以中方軍隊主動撤退宣告結束。此役戴安瀾率二百師孤軍奮戰，斃傷日軍五千餘人，掩護了英軍的撤退，取得了出國參戰首次大的勝利。

東瓜保衛戰，日軍只獲得一座空城。撤退前，戴安瀾命令步兵指揮官鄭庭笈對日軍實施佯攻，撤退後仍留少數部隊牽制日軍。最後牽制日軍的小部隊也安全渡河，全師而歸。

東瓜保衛戰展示了戴安瀾的指揮能力，中方遠征軍既然不能適時集中主力與日軍決戰，那麼給予日軍一定打擊之後，主動放棄東瓜，保持戰力，是合乎戰略、戰術原則的。

東瓜保衛戰也為戴安瀾在盟軍中贏得了聲譽。美國軍方認為，東瓜保衛戰是「所有緬甸保衛戰所堅持的最長的防衛行動，並為該師和他的指揮官贏得了巨大的榮譽」。

國內的輿論也對戴安瀾讚譽有加。蔣介石把此次戰役稱作是「中國軍隊的黃埔精神戰勝了日軍的武士道精神」，重慶的報紙稱東瓜保衛戰「無論在中國抗戰史或世界大戰史均有其不朽的價值」。甚至連東條英機也在日本議會上稱，東瓜一役是日軍自（日俄戰爭）旅順攻城以來所從未有過的苦戰。

短暫休整，再戰棠吉

經歷了東瓜保衛戰而疲憊不堪的第二百師，在經過短暫休整後，又奉命奪取被日軍搶先佔領的棠吉。4月25日拂曉，棠吉戰役開打了，戴安瀾又親臨一線指揮，所部官兵見狀更是士氣高昂，先後攻佔了位於棠吉西面、南面和北面的三處高地，並突入市區與日軍展開巷戰。戰鬥打得異常激烈，戴安瀾的隨從副官受傷，一名衛士犧牲。雙方爭奪至午夜時分，棠吉終於被攻克，捷報傳至國內，國人無不歡欣鼓舞。

棠吉戰役不僅極大地鼓舞了中方遠征軍的士氣，並使得緬甸東線的戰局轉

危為安，而且也讓戴安瀾的名字多次出現在世界各大媒體上，成為英勇善戰的中方軍人的代名詞。

血灑密林　魂動中華

戴安瀾從長城抗戰到台兒莊大戰、再到崑崙關戰役的大小數百次戰鬥中，總是身先士卒，英勇奮戰。出征緬甸時，面對歡送的民眾，他笑著說：「為民族戰死沙場，男兒之份也。」當他孤軍深入緬甸東瓜，決心與日軍決一死戰時，他在留給妻子王荷馨的遺書中寫道：「為國戰死，事極光榮。」他堅信，有我輩在，決不使日軍得勢，國家的前途一定是光明的。

戰鬥不息，壯烈密林

攻克棠吉後，第二百師奉命進行戰略轉移。由於此時日軍已先期佔領了密支那，切斷了第二百師原定從八莫經密支那回國的道路，戴安瀾不得不率部從緬甸北部的山區裡輾轉前行。5月10日，遠征軍大部隊退至胡康河谷，受到日軍第五十六師團阻擊。在進行地面攻擊的同時，大批日機還屢屢向路面俯衝而來，對著人群密集掃射。於是，大軍不戰自亂，爭相逃入山林。負責在溫佐一帶掩護撤退的戴安瀾第二百師，一時與軍部失去了聯繫。

在後有追兵、前路不通的情形下，戴安瀾毅然決定帶部隊進入緬甸中北部山區打游擊，並尋隙退回國內。18日，第二百師兵分兩路，前衛部隊突然遭到大股日軍伏擊，意欲逃跑的緬甸嚮導被士兵抓了回來。嚮導堅決拒絕為中方軍隊帶路，戴安瀾氣極，不停用馬鞭猛擊自己的馬靴，隨後命令部隊立即分散突圍。副師長鄭庭笈勸阻：「白天突圍目標太大，是否改到晚上？」戴安瀾悲愴不已：「關公走麥城，也不過如此。緬甸非久留之地，今天只能不是魚死，就是網破！」

　　迎著日軍用機關槍、步槍和炮火交叉組織的密集火網，數千名中方士兵義無反顧地端著刺刀衝了上去。敵人以逸待勞，據險伏擊，二百師傷亡慘重。激戰中，一梭機槍子彈射中了戴安瀾胸腹部，身後將士趕緊將其救起。師長受重傷，剩餘官兵便輪流用擔架抬著他，一邊與日軍周旋，一邊艱難奔波在緬北的高山峽谷和原始密林之中。

　　26日晚，二百師與敵周旋至緬甸一個名叫茅邦的克欽山寨時，由於當時緬甸已進入雨季，加上部隊進入山區後，人煙稀少，缺醫少藥，戴安瀾傷勢迅速感染惡化，一代抗日名將遺恨而逝，年僅三十八歲。

將軍逝去，忠魂猶存

　　噩耗傳出後，第二百師全體官兵悲慟不已，失聲痛哭；戰士們抬起將軍的遺體繼續往前走。踏上國土的那一刻，戰士們放聲大哭，「我們回來了。師長，咱們回來了！」靈柩在從雲南昆明運抵廣西全州時，每到一地，市民無不靜默致哀，迎靈的隊伍從數萬人到十幾萬人不等。對這位用熱血染紅了中方遠征軍戰旗的抗日英雄，國人報以無限的懷念。一位七十歲的老華僑被戴師長精神感動，獻出自己的楠木棺材，將戴師長的遺骸置於棺內。

　　西元1942年10月，國民黨政府頒佈命令，批准戴安瀾由陸軍少將追晉為陸軍中將。同年10月29日，美國國會授權羅斯福總統，將專門授予二戰中外國同盟軍傑出將領的懋績勳章（又稱軍團功勳章）頒發給戴安瀾將軍，他是第一個受此殊榮的中方軍人。

　　西元1943年4月1日，在廣西全州隆重舉行全國追悼大會，一萬多人參加，全國各地派代表前往致奠。各界也紛紛撰寫輓聯、輓詩、輓詞致意。

　　追悼大會由蔣介石特派軍事委員會西南辦公廳主任李濟深致祭，李濟深在悼文中說：「戴故師長為國殉難，其身雖死，精神則永垂宇宙，為中國軍人之模範。」

伴著這些寄託了無限哀思的輓聯，我們不禁想起，將軍出征緬甸時，面對歡送的民眾，他所說的一句話：「爲民族戰死沙場，男兒之份也。」也許將軍早已把自己的生死置之度外，戰場就是他最好的歸宿，戰場就是最能體現其價值的地方。

爲民族危亡而戰，爲民族氣節而戰，爲民族尊嚴而戰，將軍在最後一刻仍然選擇了勇往直前，即使最後倒下，但那股民族士氣，民族精神依然會永世常存，激勵著更多的中華兒女前赴後繼。

參考文獻

1. 閻崇年著：《正說清朝十二帝》，北京：中華書局，2004

2. 傑克・威澤弗德著：《成吉思汗與今日世界之形成》，重慶：重慶出版社，2006

3. 李亞平著：《帝國政界往事：大明王朝紀事》，北京：北京出版社，2005

4. 李亞平著：《帝國政界往事》，北京：北京出版社，2004

5. 梅毅著：《華麗血時代：兩晉南北朝的另類歷史》，西安：陝西師範大學出版社，2005

6. 張鳴著：《歷史的壞脾氣：晚近中國的另類觀察》，北京：中國檔案出版社，2005

7. 余世存編：《非常道：1840—1999的中國話語》，北京：社會科學文獻出版社，2005

8. 張小鋒著：《正說兩漢四百年》，北京：中國國際廣播出版社，2005

9. 梅毅著：《帝國的正午：隋唐五代的另類歷史》，西安：陝西師範大學出版社，2006

10. 易中天著：《帝國的惆悵：中國傳統社會的政治與人性》，上海：文匯出版社，2005

11. 徐磊著：《天可汗時代：大唐帝國政界往事》，西安：陝西師範大學出版社，2005

12. 錢穆著：《秦漢史》，北京：生活・讀書・新知三聯書店，2000

13. 亦非編著：《冷眼讀史》，北京：京華出版社，2006

14. 王宏斌著：《晚清海防：思想與制度研究》，北京：商務印書館，2005

15. 陳蘇鎮、張帆編：《中國古代史讀本》（上）、（下），北京：北京大學出版社，2006

16. 張宏傑著：《大明王朝的七張面孔》，南寧：廣西師範大學出版社，2006

17. 付傑、付喜明著：《百團大戰——利劍劃破囚籠》，北京：中共黨史出版社，2005

中華歷代戰神

18. 南懷瑾著：《歷史的經驗》，上海：復旦大學出版社，2005

19. 易中天著：《品人錄》，上海：上海文藝出版社，2006

20. 黃仁宇著：《大歷史不會萎縮》，南寧：廣西師範大學出版社，2004

21. 許文繼、陳時龍著：《正說明朝十六帝》，北京：中華書局，2005

22. 常樺主編：《圖說開國大帝》，武漢：武漢大學出版社，2006

23. 胡錦昌、葉健君、黃啟昌主編：《中國抗日戰爭年度焦點（血肉長城1940 ～ 1942)》，長沙：湖南人民出版社，2005

24. 周雲芳編著：《一生必讀的中國帝王史》，北京：中國檔案出版社，2005

25. 段軍龍編著：《中華5000年軍事故事》，北京：光明日報出版社，2005

26. 姚穎、彭程著：《大漢風行》，北京：中國國際廣播出版社，2006

27. 錢穆著：《國學概論》，北京：商務印書館，2004

28. 郭汝瑰、黃玉章主編：《正面抗日戰爭正面戰場作戰記》，南京：江蘇人民出版社，2005

29. 黃仁宇著：《萬曆十五年》，北京：生活‧讀書‧新知三聯書店，1997

30. 黃仁宇著：《放寬歷史的視界》，北京：生活‧讀書‧新知三聯書店，2001

31. 中國軍事史編寫組編：《中國歷代軍事制度》，北京：解放軍文藝出版社，2006

32. 宋連生著：《大漢盛世》，北京：當代世界出版社，2006

33. 樊樹志著：《國史概要》，上海：復旦大學出版社，2004

34. 柳茂坤著：《八路軍發展史》，太原：山西人民出版社，2005

35. 黃仁宇著：《中國大歷史》，北京：生活‧讀書‧新知三聯書店，1997

36. 都梁著：《亮劍》，北京：解放軍文藝出版社，2005

37. 金鐵木著：《帝國軍團──秦軍秘史》，北京：中華書局，2005

38. 魏得勝著：《歷史的點與線──往事書系》，武漢：長江文藝出版社，2005

39. 李昶、黃鶯鶯、萬飛編著：《話說中國》，長春：吉林大學出版社，2005

40. 李書源主編：《見證：4億人的抗戰》，北京：藍天出版社，2005

中華歷代戰神

作　　者	趙學儒

發 行 人	林敬彬
主　　編	楊安瑜
編　　輯	吳瑞銀
內頁編排	翔美堂設計
封面構成	Chris' Office

出　　版	大旗出版　行政院新聞局北市業字第1688號
發　　行	大都會文化事業有限公司
	110台北市信義區基隆路一段432號4樓之9
	讀者服務專線：（02）27235216
	讀者服務傳真：（02）27235220
	電子郵件信箱：metro@ms21.hinet.net
	網　　　　址：www.metrobook.com.tw

郵政劃撥	14050529　大都會文化事業有限公司
出版日期	2007年10月初版一刷
定　　價	220元

I S B N	978-957-8219-68-7
書　　號	大旗藏史館　History-10

Metropolitan Culture Enterprise Co., Ltd.
4F-9, Double Hero Bldg., 432, Keelung Rd., Sec. 1,
Taipei 110, Taiwan
Tel:+886-2-2723-5216　Fax:+886-2-2723-5220
E-mail:metro@ms21.hinet.net
Web-site:www.metrobook.com.tw

 大都會文化　大旗出版 BANNER PUBLISHING

國家圖書館出版品預行編目資料

中華歷代戰神 / 趙學儒 著. —初版.— 臺北市：
大旗出版 : 大都會文化發行, 2007.10
面 ；　公分. —（大旗藏史館 ；10 ）
ISBN 978-957-8219-68-7 （平裝）
1.中國傳記

782.21　　　　　　　　　　　　　96015154

中華歷代戰神

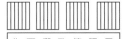

北 區 郵 政 管 理 局
登記證北台字第9125號
免 貼 郵 票

大都會文化事業有限公司
讀者服務部收

110 台北市基隆路一段432號4樓之9

寄回這張服務卡 (免貼郵票)
您可以：
　◎不定期收到最新出版訊息
　◎參加各項回饋優惠活動

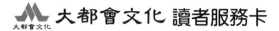

大都會文化 讀者服務卡

書名：中華歷代戰神

謝謝您選擇了這本書！期待您的支持與建議，讓我們能有更多聯繫與互動的機會。
日後您將可不定期收到本公司的新書資訊及特惠活動訊息。

A.您在何時購得本書：_____年_____月_____日

B.您在何處購得本書：_____書店，位於_____(市、縣)

C.您從哪裡得知本書的消息：1.□書店 2.□報章雜誌 3.□電台活動 4.□網路資訊
　　5.□書籤宣傳品等 6.□親友介紹 7.□書評 8.□其他_____

D.您購買本書的動機：（可複選）1.□對主題或內容感興趣 2.□工作需要 3.□生活需要
　　4.□自我進修 5.□內容為流行熱門話題 6.□其他_____

E.您最喜歡本書的（可複選）： 1.□內容題材 2.□字體大小 3.□翻譯文筆 4.□ 封面
　　5.□編排方式 6.□其他

F.您認為本書的封面：1.□非常出色 2.□普通 3.□毫不起眼 4.□其他_____

G.您認為本書的編排：1.□非常出色 2.□普通 3.□毫不起眼 4.□其他_____

H.您通常以哪些方式購書：(可複選)1.□逛書店 2.□書展 3.□劃撥郵購 4.□團體訂購
　　5.□網路購書 6.□其他_____

I.您希望我們出版哪類書籍：（可複選）
　　1.□旅遊 2.□流行文化 3.□生活休閒 4.□美容保養 5.□散文小品
　　6.□科學新知 7.□藝術音樂 8.□致富理財 9.□工商企管 10.□科幻推理
　　11.□史哲類 12.□勵志傳記 13.□電影小說 14.□語言學習（　　語）
　　15.□幽默諧趣 16.□其他_____

J.您對本書(系)的建議：_____
_____

K.您對本出版社的建議：_____
_____

讀者小檔案

姓名：_____　　性別：□男 □女　生日：_____年_____月_____日

年齡：□20歲以下□21～30歲□31～40歲□41～50歲□51歲以上

職業：1.□學生 2.□軍公教 3.□大眾傳播 4.□ 服務業 5.□金融業 6.□製造業
　　　 7.□資訊業 8.□自由業 9.□家管 10.□退休 11.□其他 _____

學歷：□ 國小或以下 □ 國中 □ 高中／高職 □ 大學／大專 □ 研究所以上

通訊地址 _____

電話：（H）_____ （O）_____ 傳真：_____

行動電話：_____ E-Mail：_____

❖謝謝您購買本書，也歡迎您加入我們的會員，請上大都會網站www.metrobook.com.tw 登
　錄您的資料。您將不定期收到最新圖書優惠資訊和電子報。

大旗出版
BANNER PUBLISHING